U0052652

1

留韓時代與同學共遊
東海岸（1964年攝）

1963年取得韓國慶熙大學碩士學位返國
途經日本

與慶熙大學農村服務
隊同學共遊韓國東海
岸（1964年攝）

攝於韓國關東八景之一的烽火山上（1964年）

攝於韓國關東八景之一的清澗亭（1964年）

1977年接受前韓國駐華大使金桂元（左）代表朴正熙大統領致贈親
筆字軸「功在韓中文化」，右為人稱「宋公」的宋時選先生

2004年朴正熙大統領長女、韓國大國家黨黨魁朴槿惠於監察院辦公
室欣賞其尊翁墨寶，倍感親切

首次訪問平壤，參觀九一五托兒所。托兒所制度完善，使父母無後
顧之憂，得以放心生產（1991年2月攝）

參觀平壤革命烈士紀念館（1991年2月攝）

拜訪朝鮮國家副主席
李鍾玉（中），商
定我國與朝鮮互派副
部長級官員會談建立
政府層級雙邊關係
（1992年11月攝）

於平壤妙香山普賢寺
大雄殿前，與該寺
住持（中）、文化大
學林崇義博士合影
（1992年11月攝）

與妙香山國際友誼展
覽館導覽小姐合影
（1992年11月攝）

與金剛山國際集團會長、南北韓均負盛名的朴敬允女士共遊金剛山
（1994年4月攝）

攝於平壤專門接待國賓的著名餐廳玉流館前，玉流館因貌似宮殿別
稱「玉流宮」（1994年4月攝）

1994年4月結束訪問平壤返國前攝於高麗航空班機停機坪前，右一為張少文博士

朝鮮國家主席金日成祝賀其子金正日五十歲生日親筆以中文題詩：
「白頭山頂正日峰，小白水河碧溪流；光明星誕五十週，皆贊文武忠孝備；萬民稱頌齊同心，歡呼聲高震天地。」（1994年攝）

參觀萬景台金日成故居
（1994年8月攝）

與立委張順良（左）、國代
廖金順（右）合攝於金日成
銅像前（1991年2月攝）

歡迎母校慶熙大學校及世界大學校長會議創辦人趙永植博士來訪，中為國民黨政策會秘書長趙自齊博士（1995年攝）

帶領我農業專家考察團訪問平壤，與朝鮮對外經濟協力委員會委員長金正宇握手致意（1996年2月攝）

於香港出席「後冷戰時期北韓之面向問題」國際學術研討會（1996年4月攝）

參觀平壤凱旋門（1996年11月攝）

1997年初冬與韓中教育基金會理事長金俊喆理事長合影

獲頒清州大學榮譽政治學
博士學位，與夫人廖碧玲
女士、金俊喆理事長合影
（2001年8月攝）

廖碧玲女士與清州大學校長夫人宋銀卿女士（左）於清州市香草園
合影

應邀出席臺灣新世紀文化基金會主辦「由北韓看亞太安全」座談
會，發表論文（2003年3月攝）

與李元簇前副總統（前排右四）、中韓文化基金會人員、韓中教育基金會金俊喆理事長（右三）、理事長夫人（右二）、媳婦（右一）等一家合影（2003年攝）

與夫人、女兒文怡（左一）於臺北晶華酒店設宴歡迎韓國大國家黨黨魁朴槿惠女士來訪（2004年攝）

接受清州大學邀請，以「韓半島和平統一之展望」為題發表演講
（2004年6月攝）

接受韓國忠清北道李元鍾知事（右二）頒贈榮譽道民證，我國駐韓
代表處文化組于超屏組長（右一）在場觀禮（2004年攝）

與夫人同遊荷蘭
阿姆斯特丹

與夫人攝於日本

合家歡：女婿林恒慶（左一）、女兒文枝（左二）、文怡（右一）

與夫人出席文怡布朗大學(Brown University)畢業典禮，左一為布魯金斯研究所(Brookings Institute)政治研究部主任Dr. Rarrell West

蕭萬長副總統為女婿賴燦然、女兒文怡證婚，左一為林慶龍審計長

前進朝鮮 *Into North Korea* 增訂二版

歷史 天空

——與北韓交流二十年

林秋山 著

三民書局

國家圖書館出版品預行編目資料

前進朝鮮：與北韓交流二十年 / 林秋山著. －－增訂二
版一刷. －－臺北市: 三民, 2012
　　　面；　公分. －－(歷史天空)

　ISBN 978－957－14－5646－1　　(精裝)

　1.中韓關係 2.外交政策 3.北韓

578.232　　　　　　　　　　　　　　　　101003112

©　前進朝鮮
　　──與北韓交流二十年

著 作 人	林秋山
責任編輯	白庭瑄
美術設計	郭雅萍
發 行 人	劉振強
發 行 所	三民書局股份有限公司
	地址　臺北市復興北路386號
	電話　(02)25006600
	郵撥帳號　0009998－5
門 市 部	(復北店)臺北市復興北路386號
	(重南店)臺北市重慶南路一段61號
出版日期	增訂二版一刷　2012年3月
編　　號	S 730241

行政院新聞局登記證局版臺業字第○二○○號

有著作權‧不准侵害

ISBN　978-957-14-5646-1　　(精裝)

http://www.sanmin.com.tw　三民網路書店
※本書如有缺頁、破損或裝訂錯誤，請寄回本公司更換。

增訂二版序

　　本書於建國一○○年十月下旬出版後很快售罄，十二月初、二刷上市後不久，適逢朝鮮官方正式公布，其偉大的領導人金正日已於十七日上午八時三十分猝死的不幸消息，引起世人對未來朝鮮政局的關注，紛紛議論他是何時去世，並質疑金正恩的接班能力及其動武的可能性，以及將來是否改革開放等問題，書很快又賣完，乃請國史館三刷供應，不意國史館表示該館向不編列三刷的經費，無法續行供貨，要求作者自行處理。經補充金正恩接棒後朝鮮政局走向一章，洽請三民書局重新編排出書，感謝劉董事長振強之支持，及編輯部相關人員利用年假趕工，使本書得以早日與讀者見面，特致謝忱。

林秋山
民國一○一年元月記

黃昆輝　序

　　林秋山教授在友人鼓勵之下，特將其與北韓接觸、交涉經驗彙整，撰寫《前進朝鮮——與北韓交流二十年》乙書。承蒙鄉親老友不嫌棄，先讓昆輝拜讀大作；掩卷之後，不禁慨嘆：惟有像秋山兄這種「質樸堅毅」的愛國書生，才能無怨無悔無所求地投入二十年的熱情與心力，八進八出，默默推動我國與北韓的交流。但我們也從字裡行間，讀出作者心中留下深深的遺憾，遺憾他辛勤累積的交流成果、開創的合作機會，甚至建交的契機，最後竟毀於官僚的迂腐與怠惰，或因政權移轉，主政者缺乏遠見，而功敗垂成。

　　本書主要分為兩大部分，一為介紹南、北韓分裂的歷史背景、北韓的黨政體制，並分析兩韓關係對我國之影響，這對我們認識北韓有很大的幫助。另為林教授推動兩國交流的案例，他很忠實地把第一手資料，毫無修飾地呈現給讀者。大家都知道，我國的外交處境非常艱難，也相當特殊，林教授的破冰之旅、拓荒行動自然也不可能順利進行，每一個交流案都是阻礙重重，過程都是曲曲折折，頗為引人入勝。其中，昆輝感觸最深的，就是「順安農場」與「臺電低放射性核廢料運北韓處置案」。

　　糧食不足是北韓面對的最大、也是最基本的問題，1996年林教授率我國農畜產專家赴北韓協助其改善農牧技術，並

以「順安農場」為試種園區，針對其農牧缺失，一一提出解決對策。其中，非常值得稱道的是，針對北韓夏季雨量集中、葉菜類容易潰爛問題，林教授幾經苦思，決定引進臺灣的「空心菜」，結果非常成功。另以「牧羊」代替「養牛」，以減少飼料的耗量，也相當成功。「順安農場」的成功，贏得北韓政府與民眾對我國的好感，同時，也建立他們對林教授的完全信賴。以昆輝乔為同鄉老友的了解與觀察，「順安農場」案例可說是秋山教授人格特質的展現，其成功也是源自他那種「真正悲天憫人」的本性與學者鍥而不捨的執著個性。林教授看到金日成主席的新年賀詞說：「最大的心願是給全體國民一碗白米飯吃，一碗肉湯喝」，惻隱之心油然而生，而發願協助這些老百姓。不過，助人光「有心」猶嫌不足，必須「有辦法」才行。他也竭盡所能找出問題，尋出辦法。各位讀者不妨把文中所呈現的報告，與政府官員或民意代表的出國考察報告作一番比較。

　　至於「臺電低放射性核廢料運北韓處置案」，牽涉南北韓及兩岸關係，就更複雜了。南韓政府與民間環保團體對此案強烈反彈，拿核能安全與環境污染等表面理由來反對，但深切了解兩韓關係及其民族性格的林教授，卻直指其背後真正的原因：不願我國與北韓建立關係，破壞其孤立北韓的策略。林教授又發揮其鍥而不捨的精神，與南韓官員和專家持續溝通，化解歧見，最後竟然說服南韓政府放棄反對立場，並願意「共同將臺灣與南韓核廢料運北韓處置」。在這裡，讀者可

能要問：林教授怎麼辦到的？昆輝認為最基本的要件是，林教授對韓國人的民族性、兩韓及其國際關係有充分的「了解」。其次是「用心」，用心去分析問題，用心去尋求因應對策。第三，林教授具有贏得他人信賴的特性，就是能設身處地為對方著想，找出共同有利的辦法。昆輝想到我國外交處境長期陷於困境，林教授並非外交人員，卻能屢建奇功，或者可作為外交人員學習的榜樣。

　　不過，本案卻因政權移轉，新政府批示「緩辦」而作罷，讓書生有心報國，卻空留遺憾！由於昆輝時任職於總統府，曾參與國安會朝鮮小組而略知一二，所以樂綴數語以為序。

前總統府秘書長

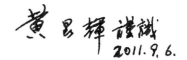

黃昆輝謹識
2011. 9. 6.

陸以正　序

　　民國四十四年，我從紐約哥倫比亞大學新聞學研究所畢業回臺，仍在《英文中國日報》工作。當時身兼國立政治大學新聞系主任的謝然之兄，力邀我去教一堂課。政大雖是我的母校，但我在校時，讀的是外交而非新聞。雖然從南京《大剛報》到臺北《中華日報》前後工作共八年，做的都是實務工作，與新聞學理論無關。最後因情面難卻，答應教一堂「新聞英語」。第一年的同學裡，有位雲林來的本省籍子弟，就是本書作者——監察委員林秋山。

　　林君畢業後留學大韓民國，即俗稱的南韓，在首爾 (Seoul) 的私立慶熙大學 (Kyonghee University) 獲得碩士學位。回臺後曾在行政院新聞局、教育部文化局等單位服務。那時我已外放駐紐約新聞處，因而並不相識。他修完慶熙要求的學分後，寫了博士論文，民國六十四年通過口試，獲慶熙頒授博士學位。此後一路從國大代表、國民黨中委、第二屆監察委員、到第三屆監委卸任後，專心教育研究工作。

　　他是非常勤勉用功的人，第一次赴韓留學，就苦研韓文。張曉峰先生辦中國文化學院，他去兼課教授韓文。直到被提名為第二屆監委，才辭去文大韓文系主任職務。這些年來，他致力於促進我國與朝鮮民主主義人民共和國（Democratic People's Republic of Korea，簡稱 DPRK，俗稱北韓）之間的

關係。這本書就是他交出的成績單。

　　從本書可見，他為瞭解北韓，與平壤政權建立對外關係，費了不少工夫，前後共去北韓訪問許多次。對臺灣一般人而言，自金日成 (Kim Il Song)、金正日 (Kim Chong Il)、到今天的金正恩 (Kim Chong Un) 時代，北韓都是不折不扣的共產國家，倚賴中共與俄國的支持，才能度過從日常用品到基本糧食都缺乏的近幾年。

　　自從公元 2000 年 6 月 15 日的「南、北韓聯合宣言」後，金正日與金大中的「平壤會談」，確實為兩韓和解打下一些基礎，儘管這些根基並不牢靠。就南韓而言，金泳三、全斗煥、到盧泰愚等領袖，致力於促使親屬重聚，消弭歧見，多少有些收穫。

　　更重要的是，2009 年以來，北韓逐漸摒棄奉行六十五年的共產主義。雖因受歷史限制，改革步調極為緩慢，可以理解。但種種跡象，例如朝鮮勞動黨（北韓共產黨的正式名稱）現已改名為「祖國統一民主陣線」(Democratic Front for the Reunification of the Fatherland)，容納了勞工黨、民主社會黨等小黨派。若在十年前，這些都是不可想像的事。本書對北韓朝野的思想怎樣潛移默化的經過，未著一字，可謂遺憾。

　　中國大陸對兩個韓國，都給予外交承認，因此平壤與首爾兩個首都，都有中國大使館。但南韓在 1992 年主動與我斷交，只給我國使館人員三天時間離境；更把位居首爾市中心地區的我國大使館土地房產，直接移交北京，仁斷義絕，莫

此為甚。林秋山委員下次再訪北韓時，應該商請平壤政府，准許我國在那裡開設臺北經濟文化代表處（Taipei Economic and Cultural Office，簡稱 TECO），才是公平合理的做法。

本書另一項遺漏，則屬於歷史領域。抗日戰爭時，中華民國政府雖然退居重慶，但為表示同仇敵愾，容許流亡到大後方的韓裔人，在重慶設立「韓國臨時政府」，由金九任主席。這批復國志士或隨軍充任日語翻譯，或直接為復興韓國而奮鬥，歷史也不該忘記他們。希望作者能於適當時機、適當地方予以補入。

是為序。

前駐南非大使

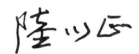

胡忠信　序

前進朝鮮的背後秘辛

　　東西冷戰格局在 1990 年代初徹底解體以後,在烏拉山以東,「後冷戰」的對峙形勢依舊,其中尤以朝鮮半島、臺灣海峽、南海主權糾葛為三大潛在衝突地區,三者環環相扣,互為表裡,臺灣適在三大地區中央位置,牽一髮足以動全身;二十年以來,亞太形勢既衝突又和解,不時處於「準戰爭狀態」,如何瞭解並正確掌握亞太形勢的表象與本質,是臺灣面向國際的第一要務。

　　1895 年甲午戰爭,日本大敗清國,臺灣割讓給日本,甲午戰爭的源起是日、清爭奪朝鮮半島主導權,最大受害者竟然是臺灣。1950 年韓戰爆發,杜魯門總統下令第七艦隊巡防臺海,國民政府得以據守臺灣,進入了「中華民國在臺灣」的年代,臺灣成為韓戰受益者。法國大儒伏爾泰說:「歷史是與死人開玩笑。」朝鮮近代史與臺灣人開了兩次玩笑,福兮?禍兮? 光從這兩次經驗,臺灣的政治領導者與有識之士就必須高度關注朝鮮半島形勢,「銅山西崩,洛鐘東應」,這就是歷史的啟迪與教訓。

　　林秋山教授是眾所公認的朝鮮問題研究權威,也是戰後憑自己之力開創「韓國學」的開山祖師,對於他的學術論著

與報章時評，我一向再三拜讀且大為折服。馬基雅維利在《君王論》強調一個理念：研究分析與運作政治，必須冷靜、理性、透徹，至於是非善惡的價值判斷，那是河流對岸的事情。馬基雅維利的見解，與文藝復興時代的基督教理念大相逕庭，因此被視為「異端」，《君王論》還被視為禁書，然而，「冷靜、理性、透徹」正是剖析政治形勢的基本態度，如果分析者成為「入戲的觀眾」，受主觀或輿論影響，如何掌握事物發展之本質？禪宗公案「南泉斬貓」，不正是當頭棒喝？

2001年起我受邀在「中廣新聞網」開設「新聞大解讀」節目，為了徹底達到媒體自由、獨立之目的，我邀請企業界朋友提供廣告與基金，以承租時段方式自立自足，從而可以放手一搏，著力於深度的人文分析與國際解讀；我有感於臺灣的媒體幾乎已無「國際新聞評論」，特別著重邀請學者專家前來「開講」，而林秋山教授正是亞太形勢分析的佼佼者，久之我們也成了以誠相待的君子之交。我特別留意，只要觸及北韓問題，林秋山教授就有獨立之見解，絕不盲目跟著國際媒體潮流走，也就是他能跳脫愛德華·薩伊德所形容的「東方主義」，不會隨歐美媒體步調，而是「實事求是，莫做調人」，秉於證據與經驗闡述意見；林秋山教授固然不認同共產主義，但他不以好惡看待金日成三代，而是秉持「冷靜、理性、透徹」解析朝鮮半島形勢，「見人所未見，發人所未發」，這才是林秋山教授令人欽佩與折服的涵養之處。

與林秋山教授相談甚為投緣，我才知道他在李登輝總統

執政時代，銜命多次赴北韓進行「密使」工作，由於事涉中國、北韓、南韓、臺灣四角關係，而且又牽動美國、日本兩大友邦，我建議在不影響國家安全前提下，是否可予解密，供後人做為參考，林秋山教授表示也有此意，我則允諾代為介紹出版社。一段時日以後，林秋山教授果然撰述「前進朝鮮」書稿，我則介紹某大出版社發行人與之見面，不意出版社審查以後，認為本書「故事性不夠」，惟恐影響銷路而作罷，由於近年來出版界不景氣，我當然可以理解。沒想到林秋山教授發揮他「密使任務」的堅忍精神，竟又聯繫到國史館代為出版，我想林秋山教授所作所為是「開創歷史」，也是「研究歷史」、「記錄歷史」，交由國史館出版豈不是理所當然，更可藏諸名山，豈不是一舉數得？我為他感到高興！

　　沒想到林秋山教授半開玩笑說我是本書「催生者」，也要我寫一篇序文，想想介紹出版事宜未能「達陣」，也只有撰述序文才能「補過」，我於是把本書從頭到尾認真研讀，才發現到林秋山教授不但從事一項「不可能的任務」(mission impossible)，而且留下了忠實的紀錄與報告，可以說是一本史料價值珍貴的「臺灣、北韓建交談判史」，雖然未竟其功，但他所強調的正確把握北韓形勢，運用中國與南韓建交之勢而「前進朝鮮」，也是一本外交教科書，足可供外交官與國際關係學者作為教案。法國在拿破崙政權垮台以後，從歐陸大國成為強權談判下的弱國，外交部長塔利蘭正是運用外交長才展現一流手腕，切入諸國的矛盾得以打開法國的生存空間，

林秋山教授的「前進朝鮮」，不正是塔利蘭式的彈性外交嗎？

1992 年 8 月中國與南韓建交，令北韓大為不滿與孤立，臺灣適時向北韓進行外交接觸，並允諾提供援助，對北韓與臺灣都是相得益彰，互為槓桿，增加更多籌碼；反之，中國同時承認北韓、南韓，無異承認「兩個韓國」，但中華人民共和國不但不承認中華民國，而且還在國際社會打壓臺灣的生存空間，中國的「兩韓政策」豈不是對「一個中國原則」自打嘴巴？林秋山教授的北韓外交突破之舉，不但是大膽的一著棋，也打中了中國的脆弱後腳跟，而北韓金正日全程掌握臺灣與朝鮮的「外交摸底」，可見金正日的格局與見識，絕不是歐美日韓媒體所描繪的「山寨版金正日」，林秋山教授的「密使之旅」提供了活生生的經驗法則。

林秋山教授在本書下半段花了大篇幅敘述臺電公司與北韓簽約的「低放射性核廢料運送北韓事件」，南韓政府、環保界反對到底，原來在「環保事件」的背後真正原因是「政治事件」，也就是南韓惟恐臺灣與北韓因接觸而提昇外交關係，加上當時日本、美國皆與北韓進行建交談判，南韓是「項莊舞劍，意在沛公」，只是藉「核廢料事件」發揮而已，目的是破壞臺灣與北韓的實質聯繫，加上之前中國與南韓建交所引起美、日兩國的「北韓熱」，國際政治的複雜與利益之衝突，林秋山教授不但提供歷史縱深之解析，也做了南、北韓密使之旅的「示範教學」，本書令人擊節稱賞之處正在於此。

美國哈佛大學俄國史教授浦洛基根據前蘇聯檔案撰述

《雅爾達》一書，重建 1945 年 2 月長達一週的雅爾達會議史實，從俄、英、美解密的檔案我們才恍然大悟，史達林、邱吉爾、羅斯福三巨頭各自基於國家利益，用一張紙與一枝鉛筆就決定了中國、朝鮮、日本、東歐、德國的未來命運，我受邀為《雅爾達》一書的中譯本撰述一篇導言，關心亞太形勢與臺灣未來的朋友們，應該慶幸與欣喜林秋山教授在「後雅爾達會議時代」努力替臺灣打開生存空間，我們應銘記這段奮鬥歷史與生存價值。

　　《臨濟錄》說：「十年不換位，立處皆真也。」林秋山教授一輩子研究朝鮮歷史，分析當代朝鮮半島問題，不但研究、分析、撰述而且投入實質的外交談判，「立處且真也」，本書的「結語」如同麥克阿瑟老兵般的囑咐，更值得政治領導者、政黨領袖、外交官與學者專家引為殷鑑。懷著崇敬與感謝之心，忝為作序者之一，我樂於向讀者分享心得，並盼大家深化對臺灣的熱愛，每人各盡其責為下一代的安居樂業而打拼努力！

歷史學者、政治評論者

2011 年 8 月 15 日

自　序

　　韓國古稱高麗或朝鮮，介於中、蘇、日三國之間，戰略地位重要，早即為兵家必爭之地，雖自稱有五千年歷史，但因地處東北亞一隅，使西方國家迄至十六世紀才發現它，故早有隱遁國 (Hermit Nation) 之稱，亦表示世人難能瞭解其內部情形。

　　分裂後之朝鮮民主主義人民共和國（簡稱朝鮮）之位置更在三十八度線以北，可說是朝鮮中之朝鮮，向北已無路可走，向南又受到民主陣營的圍堵，加上本身的封閉，使得其人民難能如民主國家人民那樣輕易接觸到外部世界，亦使得外部世界的人民難能瞭解其內部真相。無心的錯誤，加上有意的扭曲，使吾人對於這個國家更難有客觀、公正的評論，一不小心，還可能被扣上紅帽子，說你是親共份子。

　　當南北韓關係由對立、對峙轉為接觸、會談，中韓關係有生變之徵兆時，個人便主張要設法瞭解朝鮮、改善雙方關係，進而謀求建立政府關係，倖為政府接受並開始推動。

　　數年前，個人接受臺灣商務印書館委託主編一套韓國叢書時，與外交官出身總編輯方鵬程先生閒聊有關韓國事務時，他鼓勵我把與朝鮮接觸、交涉經驗彙整成書；在上中廣「新聞大解讀」節目與主持人胡忠信先生談到朝鮮之種種時，他亦鼓勵我把它撰寫成書，受到他們的支持與鼓勵，我開始撰

寫《前進朝鮮——與北韓交流二十年》。

　　本書內容分四部分，第一部分說明韓國的分裂與韓戰發生之背景與影響；第二部分為認識朝鮮，說明朝鮮的憲政體制、朝鮮勞動黨的由來、朝鮮政府正式成立、朝鮮的政治理念、金日成‧金正日體制的特徵等；第三部分說明與朝鮮交流情形，其內容包含：1.首度應邀訪問平壤；2.促成雙方政府首次正式會談；3.把朝鮮產辣椒醬轉輸入韓國；4.協助南韓商人投資開發金剛山；5.我政府兩度派遣農畜產專家考察平壤，提供援助；6.應邀前往平壤商談建立雙邊關係；7.朝鮮派員前來洽商設立雙方代表機構；8.南韓同意其低放射性核廢料共同運北處置，化解爭議等；最後為結語，共十四章，並以朝鮮民主主義人民共和國憲法為附錄，約十餘萬字，既可瞭解韓國何以分裂及朝鮮之現況，亦可知道我國與朝鮮交流事事為促成朝鮮開放、緩和南北韓關係，以推動亞太地區的安定與和平的苦心之實際情形後，既可作為投資旅遊之參考、指針，並進而使周邊國家從過去因不明瞭而做無謂的反對，變成因瞭解事實真相轉而改為支持，亦可作為對朝鮮政策之參考，改圍堵為開放，使朝鮮融為國際社會的一員，以化解朝鮮半島的緊張情勢，永保朝鮮半島之安定和平。

　　撰寫期間，承內人廖碧玲女士之協助與整理，使書稿得以順利完成，交付出版，復承國史館史料叢刊編輯委員會之審閱，予以肯定，並同意給予出版，使本書得以與讀者賢達見面，並致謝忱。

　　每次出書前總覺得已竭盡所能，力求完美，但出書後，還是處處可見不盡如人意處，令人感到愧疚遺憾，本次恐亦難跳脫前例，闕漏疏失之處，敬請雅正，期再版時改進。

　　最後要感謝黃昆輝、陸以正和胡忠信三位先生，為本書撰寫序文，給予肯定、指教和薦介。

　　黃昆輝先生現任臺聯黨主席、是前總統府秘書長、也是雲林同鄉鄉長，他對書中所述部分事實知之甚詳。

　　陸以正先生是我念政大新聞系時新聞英語的老師、前駐南非大使、名外交評論家，他在韓戰期間曾擔任美軍翻譯官，因而得過美國勳章，還在北韓住過相當時間。

　　胡忠信先生是歷史學者、名政治評論家，也是中廣「新聞大解讀」和高點綜合電視「三人行」的名節目主持人，對朝鮮半島情勢頗多關心。其節目甚受肯定和重視。

　　謝謝三位的序文增光篇幅，便於閱讀，情誼難忘。

林秋山

序於芝山巖

民國一〇〇年五月

——與北韓交流二十年

目次

第一章　前　言

第一節　韓國的分裂

朝鮮與韓國、高麗一樣，在我們傳統的觀念裡，都是指古代建立在朝鮮半島的國家而言。這個國家在朝鮮朝末期，受到日本帝國主義者的武力威脅與政治脅迫，先淪為日帝的保護國，1910 年終為日本併吞，成為其殖民地。第二次世界大戰即將結束之際，美俄於雅爾達會議達成「蘇聯參加對日作戰協定」(Agreement Regarding Entry of the Soviet Union into the War Against Japan)[1]，並依據盟軍最高統帥麥克阿瑟 (General Douglas MacArthur) 第一號命令 (General Order No. 1)，美俄各以三十八度線為界，分別派兵進駐韓國南、北兩地，預定進行為期五年的信託統治，遂暫時性分裂為南、北兩地區，世人習稱其為南、北韓。

由於韓國人民反對信託統治，聯合國乃決定依民主方式在聯合國韓國臨時委員團監督下讓韓國成立獨立政府[2]，三十八度線以南之軍政府配合決議，接受其監督，選出制憲國會議員，制定憲法，於 1948 年 8 月 15 日成立自由、民主的

---

[1] 蔣永敬，《抗戰史論》(臺北：東大圖書，1995 年)，頁 507–508。

[2] 參閱林秋山，《韓國憲政與總統選舉》(臺北：臺灣商務，2009 年)，頁 2–3。

大韓民國（Republic of Korea，以下簡稱韓國或南韓），因其遵照聯合國的決議辦理，當時聯合國並認定其為朝鮮半島上唯一合法的政府。三十八度線以北之管理者則拒絕韓國臨時委員團之監督，於大韓民國政府成立後，同年 9 月 9 日北部地區在蘇聯、中共的扶持下，成立了集權、專制的朝鮮民主主義人民共和國（Democratic People's Republic of Korea，以下簡稱朝鮮或北韓），建立在朝鮮半島上的這個國家遂由一分為二，此時兩韓尚可自由來往旅遊居住，並不互相為敵。1950 年 6 月 25 日北韓揮軍襲擊南韓，爆發所謂的韓戰，造成無數傷亡後，才成為敵對國家，互不來往。

第二節　韓戰發生的背景與影響

關於韓戰之發生，我們一般認為是朝鮮揮軍南下所引發之戰爭，但在平壤，我卻聽到他們說是南韓先發動攻擊，甚至說他們還有相關紀錄片。1996 年，我到香港出席珠海大學主辦「後金日成時代北韓之動向」為主題之國際學術研討會時，大陸出席學者也持相同說法，究竟誰先發動攻擊，則留給大家判斷。

至於朝鮮當局所以向南進軍的原因，綜合而言，先因中國共產黨打敗中華民國政府，使其領導人金日成覺得中國共產黨可以做到，朝鮮勞動黨也應可做得到，因而產生動機；此際美軍又自韓國撤軍，朝鮮的國力與軍備和兵力原就優於韓國，朝鮮又自稱有二、三十萬名地下工作人員潛伏在韓國，

只要金日成一聲令下，可以南北夾攻，極短時間就能擊敗韓國。金日成有了這種想法後，就去徵求共黨世界的頭頭、蘇聯的領導人史達林 (Ио́сиф Ста́лин)，史達林表示同意，但要求其於發動攻擊前，一定要得到毛澤東的同意，於是金日成又到中國大陸去看中國國家主席毛澤東，毛澤東不但立即答應，還表示可提供必要的協助，金日成完成了必要的程序後，終於擇訂於 6 月 25 日黎明前發動攻擊[3]。但令金日成等人感到意外的是美軍很快的又重回韓國戰場，把朝鮮部隊趕回三十八度以北，後來在蘇聯及印度的斡旋下，於 1953 年 7 月 23 日簽訂停戰協定，也使這場戰爭成為既無戰勝國、也無戰敗國的戰爭。

　　大韓民國政府成立後，我國基於傳統友誼率先給予外交承認，因同為分裂國家，又以反共為國家最高政策，故一直維持密切的友好關係，迄至 1992 年中韓斷交為止，維持了四十餘年的外交關係，互動良好，情同兄弟。對於朝鮮，則因為是中共和蘇聯所扶持，而中共與蘇聯與我國處於敵對狀態，雙方自始未做接觸，且朝鮮與南韓經歷過韓戰後又相互為敵，因此四十餘年來，未能互有往來，這種情形，有違我國善鄰外交之道，而朝鮮方面亦有違已故國家主席金日成將軍之建國精神及「遺訓教示」[4]，迄至 1991 年雙方才開始有非公開

---

3 林秋山，〈檢視前蘇聯外交機密檔案，探查中共在韓戰扮演的角色〉，《中央日報》，臺北，1995 年 2 月 19～20 日。

4 參閱金日成的「遺訓教示」，《朝鮮日報》，漢城，1996 年 11 月 18 日。

的接觸，實在可惜。

　　南、北韓分裂後原可自由來往，互不為敵的，經過 1950
年 6 月 25 日發生的韓戰後，才成為敵對國家。1970 年朴正熙
總統在慶祝光復節演說中，建議雙方互相開放，作善意競爭，
並慢慢進行會談，1973 年 6 月 23 日朴正熙總統更發表總統
對有關和平統一外交政策之特別聲明[5]，表示南韓不反對與
北韓同時進入聯合國，及在互惠平等的原則下，對包含蘇俄
及中共在內之所有國家開放門戶等，充分顯示南北韓關係、
南韓與蘇俄、中共關係可能生變，國內開始密切注意其關係
之發展，個人亦屢次建議政府預為籌謀，研擬因應之道。1985
年 8 月 15 日南、北韓雙方首度進行離散家族故鄉訪問及藝術
公演團互訪，1989 年更進行前後長達三年之國務總理會談，
簽署「南北和解、不可侵、交流與協力協議書」[6]，兩韓關
係獲得了突破性進展。面臨南韓與中共建交、我國與南韓斷
交的發展，北韓與我國都在摸索、研究雙方能否建立政府層
級的某種關係。

　　朝鮮半島位於東北亞一隅，與中國東北、俄國之極東地
區相鄰接，隔東海與日本相望，是俄國國力向太平洋伸張必
經之地，日本進軍大陸的橋頭堡，保障中國大陸安全的屏障，
也是美國遏阻俄國出太平洋的前哨，其戰略地位之重要性不

---

5 參閱林秋山，《朴正熙總統傳》（臺北：幼獅，1997 年），頁 180–181。

6 參閱林秋山，〈南北韓關係篇〉，《韓國綜論》（臺北：水牛，1998 年），第四冊，頁
　192–194、300–336。

言可喻，十八世紀以來即為列強競爭的對象，其於中國大陸
更形重要，韓戰期間中共之派兵支援朝鮮，雙方結成血盟關
係，甚至在南韓與中共建交後，南、北韓局勢緊張之際，中
共仍然表示如果南、北韓發生軍事衝突，將出兵支援北韓，
即可見北韓對中共之重要性。

　　因此，我國與北韓的關係如能有改善，對我國與南韓、
與美國、與日本均有正面的加分作用，甚至還可能影響與中
共、與俄國關係的發展，兩韓關係與兩岸關係互為影響、密
不可分，因此我們應加強兩韓關係之研究，先讓我們瞭解朝
鮮是怎樣的一個國家。

第二章　認識朝鮮

第一節　朝鮮的黨政體制

　　說到朝鮮民主主義人民共和國大家可能都會有負面的想法，我覺得這恐怕有其值得探討的背景因素，一來是因其地理位置偏處東北亞一隅，往北已無路可走，只好南下，而南下又受到民主陣營的圍堵，要生存就要突圍，衝突似難避免，我們如果能以一種善意的態度來思考問題，和好相處、和平共存，並非絕無可能改善這種緊張關係。

　　例如朝鮮繼 1998 年修憲之後，在 2009 年 4 月再次修憲，其修訂之主要內容有： 1.把軍事優先之所謂先軍思想加入統治理念中； 2.刪除「共產主義」之用詞，使現行憲法再也看不到「共產主義」一詞； 3.新增設「國防委員長」一節，明訂其為最高領導者及最高司令官，提升其在憲法上的地位； 4.增訂「尊重人權」為國家義務。修訂案除第一、三項也許有若干討論空間外，其餘各項即使是徒具形式也表示朝鮮當局已注意到時代潮流了，我們應該給予鼓勵，但卻受到相當多的批評，難怪他們洩氣。

　　新憲法開宗明義地說，朝鮮民主主義人民共和國是實現偉大的領袖金日成同志的思想與領導之主體性的社會主義國

家，是代表全體朝鮮人民利益之自主性之社會主義國家，是依據社會主義關係及自立性民族經濟為基礎，其生產手段歸國家及社會聯合團體所有，以全民性的、全國性的防衛體系為依據。

在國家機構方面，最高人民會議是國家最高主權機關，行使立法權，設常任委員會為最高人民會議休會期間之最高主權機關，可以選舉或罷免中央裁判所判事及人民陪審員，可行使大赦，批准或廢止條約，任免駐外使節，代表國家接見外國使節，甚為特殊。國防委員會委員長是國家最高領導者，也是全般（各種）武力之最高司令官，指揮統率國家一切武力。內閣是最高主權的行政執行機關，也是全般性國家管理機關，由總理、副總理、委員長、相及其他必要成員組成之。司法權則分屬中央檢察所及中央裁判所，檢察工作由中央檢察所作統一指導，所有檢察所均應服從上級檢察所及中央檢察所；裁判則由中央裁判所、道裁判所及市、郡人民裁判所及特別裁判所行之，判決則以國家名義宣告，裁判由判事一名及人民陪審員二名構成之裁判所行之，情形特別者，得由判事三名組成之，應公開並保障被訴者之辯護權，但依法亦可不予公開。

第二節　朝鮮勞動黨的由來

朝鮮勞動黨即北韓共產黨，建黨日期是 1945 年 10 月 10 日，此乃源於 1945 年 10 月 10 日至 13 日在平壤舉行「朝鮮

共產黨西北五道（省）黨責任者暨熱誠者大會」上決議成立
「朝鮮共產黨北朝鮮分局」，而此一北朝鮮分局即為朝鮮勞動
黨之前身。

其實，韓共出現甚早，早在 1918 年 6 月，一批韓國民族
主義者（如李東輝等）即因受到俄國十月革命影響，在蘇俄
境內的伯力市 (Khabarovsk) 成立韓人社會黨，其後於 1921 年
分裂為二，一支轉入中國，以上海為中心，稱為高麗共產黨，
另一支留在蘇俄，以伊爾庫次克 (Irkutsk) 為根據地，稱之為
全俄韓人共產黨，兩派皆有人成為共產國際（1919 年成立於
莫斯科）遠東區委員會高麗局的幹部，並派員至漢城 [1] 等地
活動，1925 年 4 月金在鳳等人在朝鮮半島內秘密成立朝鮮共
產黨，該組織還於翌年獲得共產國際的承認，但因內爭與外
制，韓共在第二次世界大戰結束前，始終未能形成較大的、
較可觀的力量。

1945 年 8 月 8 日蘇俄對日宣戰，10 日日本表明投降意
願，17 日美國總統杜魯門 (Harry S. Truman) 批准麥帥第一號
命令，蘇、美兩國接收朝鮮半島，以三十八度線為界，兩國
軍隊分別於 8 月 24 日和 9 月 6 日進駐平壤和漢城。在俄軍的
扶植下，金日成所領導的韓共迅速擴張勢力，終於控制了北
韓。

二次世界大戰甫結束時，南韓方面有呂運亨等人籌組的

---

1 2005 年元月 19 日 Seoul 市長李明博宣布該市的中文譯名即日起由「漢城」更名為
「首爾」。

朝鮮建國準備委員會,另有李英等人於 9 月 11 日在漢城成立的朝鮮共產黨;在北韓則有曹晚植領導的平安南道建國準備委員會等組織,但這些人與美、蘇皆缺乏淵源,都未能成事。

入駐平壤的蘇俄第二十五軍於 1945 年 9 月 12 日成立司令部,積極協助朝鮮共黨參與或成立各種組織,快速掌握政治資源。10 月成立朝鮮共產黨北朝鮮分局,名義上仍承認漢城的共產黨中央,後因政治協商的資格問題,才於 1946 年 4 月改名為北朝鮮共產黨,1948 年 8 月 8 日為建立人民共和國政權,乃與南朝鮮勞動黨成立聯合中央委員會,北韓政權成立之後,鑒於一國一共黨的原則,而於 1949 年 6 月正式統合稱為朝鮮勞動黨。

朝鮮勞動黨與蘇俄所支持的金日成有密不可分的關係,今日北韓雖然大力宣揚金日成在「東滿洲」領導「朝鮮人民革命軍」的抗日英勇事蹟,其餘則語焉不詳。而根據其他資料顯示,金日成早年確曾參加中共在東北的抗日游擊隊,並擔任過「東北抗日聯軍」的師長,1941 年初因日軍的壓迫而隨一批中朝抗日軍進入蘇俄,並被蘇俄的遠東偵察局編成一支二百餘名的特殊部隊,其中朝鮮人約六十名,包括金日成、金一、朴成哲、崔庸健等人[2],他們在俄境接受了近五年的訓練,於 1945 年 9 月回國以後,都成為北韓共黨的核心人物,由於受到當時蘇俄的支持,金日成等親蘇派(亦稱甲山派或抗日 partisan 派)逐漸鬥垮了延安派和國內派,而取得朝鮮勞

---

2 李相禹等七人共著,《北韓四十年》(漢城:乙酉文化社,1988 年),頁 41。

動黨的領導權。1945 年金日成隨俄軍回國時年僅三十三歲，當時朝鮮的共黨勢力還甚微弱，其能迅速掌握全局，可說全賴蘇俄扶植之功。

第三節　朝鮮政府成立的經過

二次大戰後期，包括開羅會議、德黑蘭會議、雅爾達會議及菠茨坦會議均論及朝鮮半島問題，美、英、蘇三國對暫時託管朝鮮半島的問題大體也有了共識。1945 年 12 月美、英、蘇三國外長在莫斯科舉行會議，終於決定對朝鮮半島實施信託統治，並決定與半島內之政黨與社會團體進行協商以成立過渡政府。此一協定傳出後，激起了韓人全面的反彈，但韓共接到莫斯科的指令之後，由原先的反對轉為贊成，結果造成了左右對抗的局面。右翼人士如朝鮮的曹晚植及其領導的朝鮮民主黨、南韓的金九、李承晚等都激烈的反對，左翼人士除共黨外，南韓的呂運亨等則採支持的立場。但後來由於美、蘇雙方對於協商對象的資格問題有不同的意見，蘇俄一直堅持凡是反對託管的政黨和社會團體都不得參與協商。最後美國乃將朝鮮問題提交聯合國討論決定，1947 年 11 月 4 日聯合國決議設立聯合國韓國臨時委員團，負責監督韓國的自由選舉，以建立統一、獨立、民主的政府。1948 年 1 月臨時委員團抵達漢城，但無法進入朝鮮，最後僅在南韓實施普選，於 8 月 15 日成立大韓民國政府，並隨即獲得聯合國承認。

在朝鮮方面，早在 1946 年 11 月即已進行選舉，並成立道（省）、市、郡（縣）的人民委員會，翌年 2 月又實施面（鄉）、里人民委員會之選舉，同月 21 日正式成立北朝鮮人民委員會，金日成被選為委員長，1948 年 2 月通過憲法草案，並決議於同年 7 月 10 日起施行，8 月 25 日舉行大選，9 月 9 日朝鮮民主主義人民共和國宣告成立。

第四節　朝鮮的政治理念

無論從朝鮮民主主義人民共和國憲法或朝鮮勞動黨黨章觀之，都可知道馬列主義與金日成的「主體思想」，是朝鮮最基本的政治理念與最高的指導原則。尤其主體思想更是金日成用以肅清異己，鞏固領導權，調適中、蘇共紛爭以及因應內外變局之理念依據與法寶。

「主體」一語於 1955 年首次被金日成提出後，逐漸形成「主體思想」，並於 1970 年代開始大為宣揚，1980 年代金日成父子體制形成後，主體思想更為強化，馬列主義一詞已少再提及。

由於受到蘇俄赫魯雪夫對外政策的影響，以及南斯拉夫狄托獨立路線的鼓舞，同時又因黨內國內派、中共派、蘇俄派間發生嚴重權力與路線鬥爭，加上外援的減少，金日成乃搬出主體思想，主張思想要有主體性，經濟要自力更生，政治要自主，並肅清了反對勢力。1960 年代中、蘇共關係惡化，南韓又出現了朴正熙領導強人政府，金日成於是開始提出自

主國防與自主外交的理念，朝鮮從此走上了更為獨立自主的道路。1970 年代主體思想成為人民大眾的一種動員手段，並將其擴大加深教育宣傳，1980 年代以後，金正日接班的地位逐漸穩固，他本人對「主體思想」也有所補充和發揚，且積極推動主體思想的國際宣傳與研究。

主體思想雖亦有其體系與哲學的意味，但主要內容就是思想的主體性、經濟上的自立、政治上的自主以及軍事上的自衛。不過我們從朝鮮的作為觀之，所謂主體思想應具有兩個主要意義，第一樹立領導者的權威，第二激發民族情緒，以團結內部力量。換言之，主體思想不在鼓勵個人獨立思考，而是為團體的獨立自主必須服從「正確的領導」，發揮擁護領導和積極奮發的團隊精神。主體思想雖不言民族主義，但實有強烈的民族主義色彩，例如標榜朝鮮人民不走教條主義的道路，也不走修正主義的道路，不僅反對美帝及其南朝鮮傀儡政權，也反對日本的反動勢力，而其中美帝與日本反動勢力最能引發人民同仇敵愾之心。

朝鮮勞動黨黨章前文明定，金日成的主體思想，與革命思想為其唯一指導，朝鮮憲法第三、四條亦明示朝鮮民主主義人民共和國為一革命政權，以勞動黨的先軍理念和主體思想為活動之指導方針。而金日成的革命觀如何？簡言之，就是要進行三個革命，即朝鮮的社會主義革命建設、南朝鮮革命及世界革命，而前者是為南朝鮮革命建立基地，以盡「民

族之任務」，後者則在盡「國際義務」[3]，不過「世界革命」早已不流行，實際上就是加強外交的意思。

由此可知，朝鮮最大的國家目標，就是製造南韓革命的有利環境，進而統一南韓。這也是朝鮮勞動黨黨章所謂的「全民族的解放」，和憲法所稱的「在全國土中逐出外勢，在民主主義的基礎上，完成和平統一與民族的完全獨立」。

第五節　金日成、金正日體制的特徵

現今各共產國家中，像朝鮮金日成、金正日政權一樣持久而穩固者，實不多見。金日成掌權的四十幾年中，除 1956 年曾受到黨內延安派和蘇俄派的嚴重挑戰外，大致平順，尤其 1970 年以後，幾乎已無反對之聲音，其子金正日（1942 年生）又開始加入決策核心，到了 1980 年金正日已成為第二號人物和金日成唯一的接班人，並已於 1998 年完成接班的形式，現已由其三子金正恩繼其位，政權更為鞏固。

金日成、金正日體制的特徵，大致可歸納為下列四點：

第一，金日成的主體思想在朝鮮而言，與毛澤東時代的毛澤東思想在中國大陸同具功能，它不僅維護了朝鮮人在馬列之下的一些自尊，亦是鬥爭異己、強化紀律、動員群眾的魔咒，雖然，這種強化的意識形態不利人民的自由思考與創意，但卻有神化與鞏固領導中心之效。

---

3 主體思想研究所，《金日成同志的主體思想》（平壤：社會主義出版社，1975 年），
　頁 205-206。

　　第二，北韓黨、政、軍等的組織體系極有利國家主席兼黨總書記金日成及其後繼者國防委員長金正日的集權，卻不利於屬下的坐大。例如政務院總理不能過問軍事，人民武力部獨立，部長過去直接向國家主席，現為對國防委員長負責，另設一總參謀長掌管軍令，此外，尚有黨的監督機構政治局介入每一軍事單位，層層節制，無人有能力叛逆。

　　第三，金日成憑其抗日建國之功與主體思想，早已在朝鮮人心中樹立了不可動搖的權威。金正日則在父蔭之下，快速升上接班人的地位，且逐漸建立權威與領導者形象，父子相得益彰，一個是「偉大的領袖」，一個是「敬愛的領導者」。

　　第四，朝鮮權力核心人物中，有不少是金日成及金正日的親族或特殊關係者，例如過去一直參加規畫朝鮮統一政策

1948 年 9 月朝鮮民主主義人民共和國成立前，聯軍信託統治期間，北韓當局於 1947 年所發行之北朝鮮中央銀行券拾圓券（陸以正大使提供）

與南、北韓會談之前外長、兼政治局委員許錟，和黨中央書記金仲麟、黃長燁均為金日成之家族或姻親（朝鮮負責統一問題事務者多為金日成親信，如 1972 年與南韓簽署「七四共同聲明」之金成柱即為金日成胞弟）。其他如當年最高人民會議議長楊亨燮、副主席朴成哲、人民武力部副部長張正桓等十餘名黨政要員都與金日成有親戚關係，曾任總理延亨默則是與金正日淵源頗深的第二代領導人。

　　總之，透過思想規範、集體制度及親密的人脈關係，使金日成、金正日體制能在半封閉的集體主義社會 (totalitarian society) 中屹立不搖，並繼續其朝鮮革命大業。

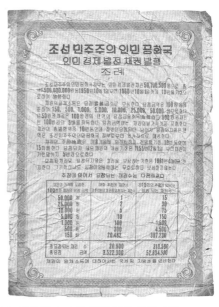

1950 年韓戰當時朝鮮民主主義人民共和國發行之人民經濟發展債券 100 圓券，背面為「朝鮮民主主義人民共和國人民經濟發展債券發行條例」（陸以正大使提供）

第三章　兩韓關係對我國的影響

第一節　南韓國土統一院的影響

　　個人多年來不斷呼籲應重視南北韓問題，改善我國與兩韓關係。行政院研究發展考核委員會於 1990 年委託個人對「韓國國土統一院組織與功能」作專題研究，並於 6 月出版成書，研考會馬英九主任委員（現任總統）並為序推薦，作為規畫設置大陸事務專責機關之參考，專題研究之結論及建議內容摘錄如下[1]：

　　韓國國土統一院由副總理兼任其長官，因南北韓問題的迫切需要以及朝野一致的支持而成立，成立之後又因事實的需要其組織功能逐漸擴大。國土統一院及其直屬機構之統一研修院和南北對話事務局，是一個針對南北韓問題和統一問題，作綜合政策規劃與執行工作的專責機構。

　　國土統一院本身具有調查研究、政策規畫、教育宣傳及監督執行的功能。院內的資料管理局負責各種國內外相關資料或情報的蒐集、編撰、管理及支援（如學術研究機構）。調查研究室負責對北韓及有關共產國家之政治、法制、外交、

<hr />

1 參閱林秋山，《韓國國土統一院組織與功能研究》（臺北：行政院研考會，1990 年），頁 51–52。

軍事、經濟、科技、社會、文化之研究和比較分析，並擬定對策（以前曾將研究與政策規畫完全分開，因不切實際，後來研究室亦負責初步的政策規畫）。調查研究不僅是靜態的資料研究，尚包括輿論反應與各界專家學者意見的綜合分析。教育弘報室主要負增進國民及海外人士對北韓和南北韓統一政策的認識，並進而使其支持政府的政策。

在國土統一院的統合督導下，統一研修院主要負責對學術教育機關和社會團體中堅幹部的統一安保教育，以加強內部的團結與共識。南北對話事務局負責北韓交流或對話實務的綜合規畫與推行。

至於國土統一院顧問委員會與政策諮問委員會，旨在擴大各界、各黨派代表與專家學者的共同參與，期能建立合理的政策，並使政策得到廣泛的支持。

國土統一院分擔了外務部，與文教部一部分的業務，對統一政策的規畫，執行以及促進國民的共識，發揮了極大的功能，對南韓的安全與發展，也有甚多的貢獻，是不容否認之事實。

分裂中國家，如西德有「內德事務部」，以負責處理有關東西德間之諸般事務；南韓有國土統一院以掌管有關南、北韓統一政策之研究、訂定、宣傳、教育與執行；中共亦設對臺辦公室，我國在總統府下亦設有光復大陸設計研究委員會，行政院亦設大陸工作會報，從這些機關之名稱不難看出政府政策之目標。

　　南韓的國土統一院為其唯一負責有關南、北韓統一問題之專責機構，較西德之內德事務部具有更高目標與理想，其職掌完整，工作主動、積極、直接、充滿活力，我國之光復大陸設計研究委員會為總統之幕僚，其研究內容似略偏重光復大陸後之設計，偶而涉及現階段如何加強某項問題之方案，但因受組織、編制及會議方式之影響，不易立即反映當時問題，且僅負責研究設計，而無執行權限，因此即便設計完美，仍難保主管機關一定付諸實行，使其效果大打折扣。而行政院大陸工作會報從其成立背景與工作性質看來，似為針對一時需要之個別性問題而設立，其工作似缺少完整性、前瞻性與長期性，實已不足應付天安門事件後，對大陸工作應有之負擔與實際需要。

　　1990 年 7 月 10 日，本人曾應行政院新聞局之邀，與國內學者專家共六名前往日、韓兩國與當地學術、政治、輿論、僑領及我國旅居當地學人、留學生（包括中國大陸籍）就天安門事件與中國之前途等有關問題交換意見，大家一致認為大陸人民與中國共產黨員之對中共政權感到失望與不滿，已為不爭之事實，因此在未來的數年內還可能再爆發類似天安門事件，此際我政府應有更積極的態度與作為，方足以應付未來變局，故應考慮設立專責機構，負責研究、訂定、教育、宣傳、執行臺海兩岸之有關事宜，或將光復大陸設計研究委員會與行政院大陸工作會報予以改組，以收精簡機構，統一事權，發揮效能之功效。

　　為爭取國際社會之支持，海外僑胞及大陸同胞之認同，此一機構似可考慮以「民主統一中國委員會」或「民主統一事務部」為名，或能收到意想不到之成效。

第二節　北韓統一政策的影響

　　同 (1990) 年 10 月出版行政院研究發展考核委員會再次委託之「北韓統一政策之形成及其可行性研究」[2]，並完成「北韓之韓國統一及相關政策研究」，供政府相關機關首長密參，茲錄後者之結論如下：

　　儘管我們對朝鮮的某些統計資料尚需存疑，但可以確信的是朝鮮將在不危及政權安定的情況下，持續審慎地推動開放改革，但速度不會太快，某些地區或領域將漸漸染上資本主義色彩，但仍不會驟然改變現狀，僵硬鮮明的意識形態將逐漸緩和，但金日成體制的權威性短期內仍不致受到嚴重挑戰，其統一政策除非國際情勢發生重大變化，亦不太可能會有根本的轉變。

　　朝鮮及南韓相較，朝鮮的兵員、武器、軍需工業等在數量上皆優於南韓，國防上以「美國侵略者與南朝鮮傀儡政權」為民族敵人，戰鬥意志較高；社會組織嚴密，動員力較強。故若無美軍橫阻，朝鮮以武力統一的勝算並非全無。惟人口僅及南韓一半，且住民社會生活的自由度與所需之民生物資，

---

2 參閱林秋山，《北韓統一政策之形成及其可行性研究》（臺北：行政院研考會，1990年）。

皆不如南韓充分，經不起雙方人民的全面交流；經濟力量與國際地位均落後於南韓，且差距似乎越來越大，若維持現有的競爭模式，顯然時間上與後果對朝鮮不利。在此種情況下，有關統一問題，朝鮮的基本立場是早日完成統一，統一的方法一個是武力，但先決條件是美軍撤走；另一個是和平的方法，也就是要支援「南朝鮮革命」，使南韓內部形成一股強大的親朝鮮勢力，協商與分化是其作法之一。相反的，南韓的基本立場是留住美軍，防止朝鮮南侵，爭取發展時間，加速提高國力與國際地位，逐漸凌駕朝鮮以主導統一；另一方面則積極與朝鮮對話，既可敷衍朝鮮，又可作為政治宣傳，呼應內外要求。

　　由於環境的變化與策略上的運用，雙方歷年來的主張或有不同，但基本底意卻無多大改變，朝鮮一再強調自主和平統一，排除外國的干預，雙方裁軍與外軍撤出，與美國簽訂和平協定，南韓廢除國安法與反共政策，召開政治協商或汎民族會議，實施聯邦制等，並指責南韓在製造兩個朝鮮和使分裂永久化，但不論如何拐彎抹角，或如何繪製統一藍圖，朝鮮最重要的一個目標是美軍撤退，其次是搞爛南韓的「法西斯政權」。而南韓的基本主張則是南、北韓和平競爭，互不干涉對方內政，簽訂互不侵犯協定，南、北韓與美、日、中（共）、蘇交叉承認，不排除對方參與國際事務或加入國際組織，雙方全面交流和自由往來，並常指責朝鮮不願讓人民自由往來是缺乏和平統一的誠意。朝鮮認為先解決政治軍事大

問題以保障和平，雙方自然就會相互交流；南韓則說先一步一步建立雙方的交流與經濟等合作關係，再擴大解決政治問題，才是合理穩當的作法。因此，雙方雖異口同聲的說「和平統一」、「擴大交流」，但其中的含義並不一樣。

過去朝鮮為了達到目的，常採軟硬兼施或迂迴的方法，南韓為了敷衍朝鮮，則慣用假積極真拖延的戰術。近幾年來，南韓氣焰逐漸高漲，不僅未使雙方關係得到改善，反而加深朝鮮的敵意。儘管國際情勢發展不利朝鮮，但衡諸朝鮮的條件與南韓的表現，朝鮮的選擇與作為實屬有限。所以除非金日成體制瓦解，南韓願大力經援，或美軍不再介入朝鮮半島等重大事情發生，否則朝鮮的統一政策應不太可能改變或實現，南、北韓的關係也不會有驚人的發展，而這些在近幾年內發生的可能性都不高。

由朝鮮的統一政策與南、北關係，對照中共的統一政策與臺海兩岸關係，可發現有許多異同之處。其中最大的差異是臺海兩岸力量極不對等，在雙方都主張一個中國的前提下，臺灣不僅在國際上被中共孤立，安全隨時受到威脅，且不易得到國際的聲援保障；反之，臺灣防禦性的國防對中共有嚇阻卻無威脅作用，所以雙方尚能暫時相安無事。雙方人口、幅員、經濟條件相去甚遠，所以大規模的對等性交流對中共利多弊少，對臺灣則危險性甚高。至於最大的相同點，是中共或朝鮮都擁有優勢武力，且從未放棄以武力統一，他們都不願意與分裂的另一方和平共存或作平等的競爭，但時代潮

流已歸向民主自由的一方，他們亦不得不逐漸開放改革。繁榮與安定，無疑是我們努力的重點，而隨著兩岸民間接觸的擴大頻繁，包括政治性的會談亦遲早要面臨。如何緩和中共矮化我之地位，或如何根據客觀事實自我作有利的定位，應是一個根本的問題，也是一個需要冷靜處理的問題。

在堅持一個中國之大原則下，至少中共可能不願意與我作政府間或國會間之對等談判，只能以變通的方式作黨對黨談判，或各黨派的政治協商，如果情勢對我們有利，而確有可能解決兩岸問題，在必要時，我們認為這或許是一項可考慮、研究的作法，而不一定要拒絕，因為這較容易爭取平等，且實質上較接近官方性質。惟國內朝野之間，各界各階層之間，宜先進行溝通、建立共識。相關法令亦需先作修訂。至於長期而言，邦聯或聯邦制可能是可先採行的統一方式，經邦聯或聯邦制之後，使兩岸的文化與社會充分交流、融化為一後，再謀求真正的統一，因此政府在做長期的政策規畫上，亦可暫時列入考慮的因素。總之，儘管海峽兩岸仍需兵戎對峙，但理性面對現實，踏實的處理兩岸關係，引導臺灣走向持續繁榮的發展方向，不但是為政者的重大責任，也是全民應共同努力的目標。

秋山代表

馬英九

九十九年十月十七日

政府開始重視南、北韓問題，作者接受行政院研考會委託以「韓國
國土統一院組織與功能」、「北韓統一政策之形成及其可行性研究」
為題作專題研究。與前行政院研考會主任委員馬英九（現任總統）
合影留念

第四章　突破僵局受邀訪問平壤

第一節　訪問緣起

　　1988 年漢城奧運前，南韓政府領導人為拉攏中共與蘇俄牽制朝鮮之抵制與挑釁，以達到順利舉辦奧運之目的，竟不顧國際慣例與中、韓傳統友好關係，對有邦交國家之我國不稱國號而直稱臺灣，對無邦交國家之中共竟稱「中華人民共和國」，並一再於公、私場合宣稱，只要中共願意，將隨時和其建立正式外交關係，其棄我國就中共之心意至為明顯。為此，個人乃於國民大會憲政研討會上向最高當局建議，我國應檢討、加強中韓關係，並重視對朝鮮問題之研究，設法接觸，以改善目前雙方的關係，並於有關場合屢次提出相同看法與主張。

　　為突破我國與朝鮮互不來往的關係，筆者乘 1989 年 10 月赴日之便，前往親朝鮮之在日韓人社團「朝總聯」接觸，翌年原擬與臺灣省進出口貿易公會理事長、國民大會代表同僚林資清先生籌組之臺灣省進出口公會朝鮮考察團前往平壤蒐集資料，對朝鮮作深入的研究，惜考察團因故未能取得邀請函而無法成行。不得已乃於 1990 年 4 月託人向朝鮮駐越南大使館接洽，6 月乘赴馬來西亞之便再向朝鮮駐馬來西亞大

使館接洽，均未能成功。同年 8 月，赴大阪參加第三屆朝鮮學國際學術研討會（親朝鮮學術團體）之前，先函請主辦單位協助安排與朝鮮代表團接觸，經面晤後，該團表示返國後將建議政府發給簽證，並解釋為避免中共誤會，請從莫斯科入境。但因雙方無法通郵，聯絡極感困難，本人乃於 10 月下旬前往香港及北京申請簽證，12 月始接獲前述朝鮮學國際學術研討會朝鮮重要幹部經其駐北京大使館轉發傳真電報，表示同意邀請前往平壤做正式訪問。與此同時，本人得知時任立法委員的張世良先生稱朝鮮對我國開放觀光，將組成考察團前往，乃一面寄發有關資料給出席朝鮮學國際學術研討會朝鮮幹部，請其寄發正式邀請書，一面加入張立委的考察團，於 1991 年 2 月初取道北京，前往平壤作四夜五天之訪問，並為正式訪問預作安排。

第二節　訪問經過

返國後撰具「首次應邀訪問平壤報告」致函外交部錢復部長，茲誌訪問經過情形如下：

1991 年 2 月 4 日自臺北飛香港，轉飛北京，在北京辦妥簽證、候機，2 月 5 日與立委張世良一行接受北京《經濟日報》外事辦公室主任房隆德午餐接待後，下午自北京起飛抵達平壤時，前副總理、當時擔任柳京大飯店（樓高 105 層）董事長李鎬赫、朝鮮國際旅行社社長趙成勳及朝鮮駐澳門名譽領事黃成華等人在機場相迎。

2月6日參觀凱旋門、五一競技場、主體塔、萬景台博物館、地下鐵、柳京大飯店、上原水泥廠，晚間就其開放國人前往參觀、旅遊等有關問題與李、趙、黃等人交換意見。

2月7日參觀創造社、金日成出生地後在平壤旅館午餐，下午參觀書店及百貨公司、西海閘門、金星中學、平壤特技團，晚間應黃名譽領事晚宴。

2月8日參觀人民大學習堂、大成百貨公司、送張世良委員等一行人離開平壤飛北京，個人則多留平壤一天。下午主體科學院副院長朴昌坤來訪，參觀九一五托兒所、大誠山革命烈士陵、水產商店及啤酒屋，晚間應朝鮮政府海外同胞委員會官員之邀共進晚餐，並討論發展雙方關係之有關問題。

2月9日與朴副院長同機離開平壤飛北京，在北京與張立委一行會合後，搭機飛香港轉機返臺灣。

初抵平壤，但覺運輸工具老舊不堪，街上建築除觀光飯店與少數特殊建築外，整齊劃一，缺少變化，頗為單調；行人與車輛稀少，衣飾尚可，商店不多，貨色亦少，無繁榮景象。稍為瞭解後，發現糧食、肉類及水果極為缺乏，電訊不便，思想控制嚴屬，出外旅行尚需旅遊證件，我們投宿旅邸之名稱及電話號碼雖再三探詢，竟不得而知，後來才知道是國家招待所。

個人擬與相識之學者聯絡會晤，導遊竟謂此行既為觀光而來，請好好觀光，不要跟朋友聯絡。為改變預訂機位，多停留平壤一天，初亦未獲同意，經向負責人說明後，直到離

開平壤前才辦妥轉機手續。書店不多見，出版品種類不多，印刷與學術水準亦低，2月8日原擬參觀金日成綜合大學，便因教職員參加勞動服務而不能如願，大學教職員尚需參加勞動服務，實非我們所能相信。

朝鮮不但不實施家庭計畫，且獎勵生產報國，婦女生產完後六個月間無需上班，仍能領取全薪。托兒所極為普遍，設備亦好，且完全免費，分一日托兒所、一週托兒所、十日托兒所，我們參觀的一家為五層樓的建築，共約一萬五千坪，有五百名幼童，一百七十名「教育員」與「保育員」，自幼施予思想教育、才藝訓練及生活教育，其成效不難預料，長大後自能為國犧牲奉獻，學得專門才能。

而且醫療全部免費，不必擔心病痛時之醫療問題；住宅亦由政府免費分配，無殼蝸牛不必擔心房租問題，且從外表看來，較大陸的一般住宅好，亦不比南韓農村遜色。由於地處東北亞一隅，且大眾傳播媒體控制嚴格，與外國殊少接觸，不知外部世界如何，因此人民能滿足現實生活。

文宣活動頗受重視，機動的廣播車隨時巡迴訪問人民聚集的地方、工地或農田，激勵民心；工廠也不斷播放愛國歌曲或偉人語錄，鼓勵努力生產，其所附設的勞動會館經常有展覽、電影、戲劇等活動，寓思想教育於娛樂及文化活動之中，各道（省）均有特技團作經常性演出，平壤有兩團，水準不錯，亦可收到宣傳效果。（下略）

此行成果，約可分為三點說明：一為確認北韓開放國人

前往觀光，國產蛋捲及泡麵已輸入北韓，國際電話亦可通國內，可見北韓已有與我國交流之準備；其次為北韓指定朝鮮駐北京大使館為中間轉接站，為其與臺灣雙方發展關係建立溝通管道；最後個人亦藉此機會向其有關人員轉達我欲發展雙方旅遊、文化、經貿關係之想法，並為下次訪問預做安排。

展望未來，就北韓而言，由於糧食短缺，日常用品不足，極需外國之支援與投資，中共與蘇俄既不可信賴，我國中小企業發達，外匯存底多，因此應包含在其考慮範圍之內。

就中共而言，既促求北韓開放，例如對個人在平壤申請再度進入大陸一事，即電令其駐平壤大使館給予協助，加上中共本身已與南韓互設貿易事務所，似無反對北韓與我國發展關係之理。

就南韓而言，促求北韓開放為其一貫政策，盧泰愚大統領且於1988年之「七七宣言」[1]中表示，願意協助友邦改善與北韓關係，南韓與中共關係已發展到政治層面，雖不願我國與北韓關係發展太快，但韓國駐華大使韓哲洙先生也表示該國政府並不反對我國與北韓發展民間層次的、文化性的以及經貿性的關係。

基此，我國與北韓關係將可能逐漸展開，一旦南韓與中共建交，或可迅速建立官方關係。

個人願藉此機會向國內有關機關建議，據北韓有關人士表示對我國情形甚為陌生，建請准予提供我國整體國情之概

1 林秋山，〈南北韓關係篇〉，《韓國綜論》（臺北：水牛，1998年），頁323–324。

況、文教、經濟貿易、觀光旅遊、農耕養殖業的現況，及蔣經國國際學術交流基金會、海外發展基金會概況等相關資料各四、五份，以利相關人士參閱。

為發展雙方關係，對於北韓人民之入境簽證問題、我國食物（包含米、肉類、蛋或其加工品）之輸出問題、經貿與投資問題、農技問題、甚至航權問題等，建請預作檢討與研究。

九一五托兒所內健康活潑的孩童（1991 年 2 月攝）

第三節 南韓與中共建交

1992 年 8 月 24 日南韓與中共建立外交關係，我國宣布與其斷交後，北韓對中共之不信與不滿似急速增加，而有與我國接觸、建立關係之勢。

關於韓國與中共建立外交關係之原因，依照韓國當局說法，主要有三大理由： 1.中共能牽制朝鮮南侵； 2.中國大陸

擁有豐富的地下資源和廣大的消費市場；3.國家的安全保障。中共方面需考慮如與韓國建交，又與朝鮮維持外交關係，則朝鮮半島將成為兩個韓國，而兩個韓國是否影響其一個中國之主張？而且韓國亦不得不考慮日本帝國主義者殖民統治韓國期間，我國對韓國臨時政府之支持，對其在華僑民配給糧食、衣物、藥品等，甚至二次大戰結束，在華韓僑返國時，還提供營農資金，讓他們返韓後得安身立業之恩惠[2]。

　　因此在事情未明確前，韓國經常說：要改善跟中共的關係，更要加強跟中華民國的關係；又說，要結交新朋友，更不會忘記舊朋友的話，暗示其有兩個中國的想法。因此，1992年5月個人奉李總統登輝先生指派，與總統府秘書長蔣彥士、外交部政務次長章孝嚴、經濟部長江丙坤、中信公司董事長辜濂松等組成特使團，赴韓面謁盧泰愚大統領等政府官員時，便明白表示，我國尊重韓國跟任何其他國家建立外交關係，亦希望能加強我與韓國外交關係的意願，韓國雖信誓旦旦，承諾沒有任何問題，但當中共要求與其建交，就必須斷絕與我國的外交關係，否則會妨害中國的統一、妨害一個中國的政策時，盧泰愚沒有一句話，便捨我而就中共，且過程粗糙，這是韓國有識之士迄今猶感有愧於我，而我亦感到不能諒解者。中共要求韓國不能維持與臺灣的外交，以免妨害中國統一，自己卻維持與朝鮮的外交關係，豈非存心破壞韓國的統一？

　　南韓與中國建交近二十年後，最近終於發現中共與南韓

<hr />

2 林秋山，〈蔣總統對韓國獨立運動的貢獻〉，《黃河》，1986年10月號。

建交時要求南韓必須斷絕與我國的外交關係，而本身竟繼續
維持其與北韓的外交關係之不合理性，根據南韓聯合新聞
網[3]引用 2010 年 8 月 3 日《世界日報》的報導：「在過去一
個月裡，南韓三大報《朝鮮日報》、《中央日報》和《東亞日
報》中充滿反對中國的聲音，儘管南韓官方強調中、韓雙方
關係沒有出現任何矛盾和裂痕，但媒體都把中國視為韓國統
一的絆腳石，因為天安艦事件引發出的摩擦，讓前段時間席
捲南韓的中國熱，一夜之間突變成排華風潮。」

　　北京《環球時報》日前以專題報導目前韓國人民對中國
反感的現象，南韓媒體從「天安艦事件」引發的厭中排華的
情緒持續不退，已成為韓、中之間嚴重問題。

---

3 網址為 www.yonhapnews.co.kr。

第五章　促成雙方政府首次正式
　會談

第一節　應朝鮮金剛山國際集團邀請訪問平壤

　　1992 年 10 月個人接獲朝鮮當時專責處理與無邦交國家
關係事務的金剛山國際集團總社長朴鍾根邀請，邀請書略以：
「貴下所提議之所有問題，均得與有關機關會商，茲邀請於
11 月 15 日前來平壤訪問」。

　　經洽詢主管機關意見後，隨即動身前往訪問，行程及訪
問記錄如下：

　　個人應朝鮮金剛山國際集團（為朝鮮負責與無邦交國家

與李鍾玉副主席合影（1992 年 11 月攝）

與李鍾玉副主席（中）、南北韓均頗負盛名
的女強人朴敬允女士（右）合影（1992 年
11 月攝）

發展關係之對外單位）之邀，於 11 月 15 日在文大教授林崇
義博士陪同下經香港前往北京,在北京取得朝鮮入境簽證後,
於 18 日搭乘該集團提供之專機離開北京轉赴平壤,並由該集
團提供朋馳豪華轎車自停機坪直駛位於平壤西寨溝之國家招
待所, 同行尚有國內企業界人士八、九名, 高麗民族產業發
展協會（為朝鮮負責與無邦交國家發展關係之對內單位）會
長崔鼎根（當時任中央人民委員會經濟政策委員長）在機場
接機, 當晚並應崔會長晚宴。

　　在平壤期間, 曾與崔會長兩度就雙方共同關心問題及兩

1992 年 10 月金剛山國際集團總社長朴鍾根
邀請函

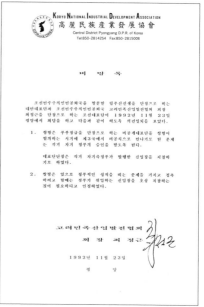

與高麗民族產業發展協會會談之備忘
錄（1992 年 11 月 23 日）, 雙方擬定各
以副部長級人員率團於第三國舉行非
正式會談

國情勢交換意見，並在其安排下，於 11 月 23 日下午三時前
往拜訪國家副主席李鍾玉（主席金日成，副主席有兩位，李
負責對外事務），晤談一個半小時，為國人首度與朝鮮官方接
觸最高階層之第一人。

　　個人在與李副主席晤談時表示，「過去四十餘年來，中朝
兩國因間接關係即朝鮮為中共之盟邦，而我與中共關係敵對，
南韓為我國之友邦而朝鮮與南韓敵對，故未有接觸與交流，
實則雙方並無任何恩怨與衝突，亦無敵對之事實，在此理念
下，自 1989 年以來，個人曾因前往日本與『朝總聯』（朝鮮
在日僑民社團），赴馬來西亞及北京與駐當地朝鮮大使館接
觸，希望能取得到平壤簽證，在大阪與出席朝鮮學國際學術
研討會之朝鮮代表團，到香港與其代理商接觸，以謀發展雙
方關係，去 (1991) 年 2 月並曾首度到平壤參觀訪問，惜成果
不大。目前我國外匯存底已逾九百億美元，國民所得並逾一
萬美元，當 (1992) 年年初至 8 月底到南韓旅遊之觀光客達三

平壤近郊名勝妙香山遊覽圖，左下角為國際友誼展覽館，1994 年金日成主
席即死於此地別館

參觀妙香山國際友誼展覽館，白白胖胖的導覽小姐服務熱心，
笑容可掬（1992 年 11 月攝）

妙香山國際友誼展覽館展示世界各國贈送北韓國家主席的禮品

十萬人，朝鮮實應重視我國之影響力，並發展與我國關係。
為增進雙方理解與交流，應互換留學生，進行學術交流；為
招攬我國觀光客，應提供簽證之方便與解決航空、通信等問

題；為發展經貿關係應互通海運，並由政府提供適當之保證，才能收到事半功倍的效果。」

繼又說：「看到國家主席金日成在 1991 年新年賀詞中說：其最大的心願是給全體國民一碗白米飯吃，一碗肉湯喝時，個人內心感到無比痛苦，因為這在我們是最基本的要求，也太容易了。只要貴國能接受，我們將以最誠懇的態度，提供各種協助，使偉大的領袖金日成同志能早日實現其願望，滿足全體國民的慾望。」

李副主席最後表示，亞洲人應團結合作，共同為亞洲之安定與繁榮而努力，並說其本國政府可以由外交部副部長為團長，由主管領事、航空、海運、經貿、通信等業務官員組成代表團，於臺北、平壤或第三國與我國進行非公開接觸與協商。

依個人觀察所得，朝鮮與我國在政府間非公開接觸後，即可能交換留學生，進行學術交流、通航、通海運，互設具有領事事務功能之貿易辦事處，並可能在短時間內發展官方關係，為務實外交再創佳績。

第二節　朝鮮代表團訪華

此次訪問朝鮮，拜訪其國家副主席李鍾玉先生時，決定雙方政府願意就互設辦事處，以發展關係，經報請政府同意後，即由個人具名，函邀朝鮮派代表團、攜帶政府委任狀於同年 12 月 29 日來華作五夜六日之訪問。

朝鮮政府之委任狀用硬紙皮裱裝成冊，內容經數度協商後，略以：「朝鮮民主主義人民共和國為謀求與中華民國關係之發展，特委任崔鼎根率團前往與貴國政府進行會談。」委任狀係由當時之國務總理姜成山具名，朝鮮政府能以中華民國稱呼我國，並由國務總理姜成山具名，派遣官方代表團以「高麗民族產業發展協會」名義前來我國，就發展雙方關係與我政府進行協商，實非容易。茲抄錄該協會來函所載代表團成員名單及職銜、訪華日程如下：

高麗民族產業發展協會代表團名單
1. 會長　崔鼎根（中央人民委員會經濟政策委員會委員長）
2. 副會長　全日春（對外經濟委員會副委員長）
3. 事務局長　周鏡德
4. 局長　金洪善（朝鮮民用航空局副總局長）
5. 局長　金永善（海運部處長）
6. 金剛山國際觀光會社副總社長　金關頭
7. 金剛山國際集團會長　朴敬允
8. 金剛山國際集團總社長　朴鍾根
9. 通譯　金春三（高麗民族產業發展協會指導員）

高麗民族產業發展協會會長崔鼎根訪華日程

中華民國八十一年十二月廿九日（星期二）	
20：35	搭乘新加坡航空公司第○六號班機抵華
夜	宿麗晶大飯店
中華民國八十一年十二月三十日（星期三）	
10：00	參觀臺糖公司畜產研究所
中　午	便餐
14：00	參觀臺灣省桃園區農業改良場
17：30	拜會章次長
18：30	章次長晚宴
夜	宿麗晶大飯店
中華民國八十一年十二月卅一日（星期四）	
上　午	拜會國貿局並聽取簡報
11：00	拜會交通部觀光局游副局長漢亭
中　午	林秋山教授午宴
14：30	拜會外貿協會聽取簡報並參觀世貿中心
17：30	拜會國際貿易協會
18：30	國際貿易協會晚宴
夜	宿麗晶大飯店
中華民國八十二年元月一日（星期五）	
上　午	參觀故宮博物院
中　午	便餐
下　午	參觀陽明山國家公園
夜	宿麗晶大飯店
中華民國八十二年元月二日（星期六）	
下　午	參觀石門水庫風景區
夜	宿麗晶大飯店
中華民國八十二年元月三日（星期日）	
離華	

　　這應該是兩國官方之首次會晤，經過五夜六日的接觸，雙方有了進一步的認識與瞭解後，互相約定繼續推動交流與關係發展工作，為表示彼此的誠意，還簽署一份備忘錄，備忘錄基於保密，並未援例送立法院備查，還邀請外交部政務次長章孝嚴伉儷於 1993 年 2 月間前往平壤參觀訪問，就相關問題作進一步協商，章次長也答應於短時間內選擇適當時期前往答訪。據悉，由於部內有人認為章次長若要成行，必需避開中共的耳目，從臺北經法蘭克福、莫斯科再進入平壤，繞大半個地球才能到達，不但太辛苦，而且好像我們有求於北韓，而不表支持，因此與外交部的會談便暫告一段落，章次長於 2 月 19 日來函表示可惜，並請個人繼續邀請對方來華磋商。此後，我國與北韓經濟方面的接觸與民間交流便一波接一波而來。

　　朝鮮代表團歸去後，官方與官方發展政府關係之會談雖然暫時中斷，但經貿訪問團則頻頻來訪，1993 年 10 月初政務院電子及自動化委員會委員長金昌浩率領之朝鮮經貿訪問團來訪，下旬又有金剛山國際集團會長朴敬允女士、總社長朴鍾根先生來訪，由個人陪同拜會經濟部及外交部。朴會長當面邀請經濟部次長楊世緘前往訪問，楊次長亦同意，又與外交部就有關共同關心事宜交換意見，對雙方關係之發展頗有助益。

第三節　應邀參加金日成生日慶祝活動

　　1994 年 2 月 22 日朴敬允會長二度來訪，就相關問題有更詳細、深入的討論，並邀個人於 4 月赴平壤參加其國家主席金日成八十二歲生日之慶祝活動。我於同年 4 月 11 日在文化大學教授張少文、游娟鐶博士等人的陪同下，經香港、北京，翌日抵達平壤拜會國務總理姜成山進行近二小時之長談，並參觀主體塔、萬景台、農業作物種子改良場、體育館，參加四一五慶祝活動及舞會，16 日轉往金剛山登九龍瀑布及萬佛山、金剛山開發園地，簡報解體船相關問題，17 日返平壤，18 日拜會總理姜成山，19 日經北京、香港返臺。茲誌個人與高麗民族產業發展協會理事長李成祿、朴敬允女士等人會晤的行程及訪問內容如下：

　　本人應朝鮮民主主義人民共和國授權，負責與無邦交國家聯繫之高麗民族產業發展協會之邀，於 1994 年 4 月 11 日自中正機場出發，經香港抵北京辦理簽證與候機，12 日搭乘高麗民航班機抵達平壤，作為期八天之考察訪問，19 日自平壤經北京，轉飛香港，再飛抵臺北。

　　朝鮮是個極端閉鎖的社會主義國家，人民雖免納稅，且教育免費、醫療免費、住家亦由政府免費供應，但農工商業均國營，土地國有，因此甚為貧窮與落後。

　　在平壤期間，除兩次參加朝鮮為慶祝其國家主席金日成八十二歲生日活動外，曾拜會朝鮮國務總理姜成山作長達一

小時又五十分鐘之晤談，與高麗民族產業發展協會理事長李成祿、金剛山國際集團會長朴敬允女士等人，就個人研究韓國問題之經驗與心得、南北統一問題與緊張情勢之看法、朝鮮經濟發展、及兩國民間交流與合作等問題交換意見，並赴東海岸遊覽金剛山觀光勝地。

就個人感覺，無論平壤或其他地方，一如往昔，與1991年及1992年訪問朝鮮當時所見並無顯著不同。但由於15日為金日成生日，因此自14日起至17日止，實際上並不上班，平壤市內到處可見人民不分男女老少成群結隊在美化街道，或唱歌、跳舞、烤肉野餐，充分顯示歡樂氣氛，並無戰爭爆發前之緊張氣息，電力似極為短缺，即使觀光飯店，非到晚上六、七時亦不開燈，與我們之浪費形成強烈對比。

我們參加了兩次祝壽活動，一為團體操，一為歌舞表演。團體操在室內舉行，演出人員從幼稚園、小學、中高等學校、專科大學、以至社會青年，參加人數每一節目從數千到萬名左右不等，節目非常緊湊，前一節目未了，後一節目已慢慢開始，似在顯示全民團結一致、合作無間、前仆後繼、綿延不斷，而節目內容則充分表現出其集體性、主動性、積極性和戰鬥性。貴賓中最引人注目者為在日僑民「朝總聯」代表，胸前配戴各式各樣的勳章，驕傲之情，溢於言表，令人為之側目。他們貢獻財力，政府給予榮譽，是朝鮮外匯與經貿發展貢獻最大的一群，政府如此厚待禮遇，良有以也。

歌舞表演於傍晚在室外舉行，人數難以數計，可能有四、

五萬名之多，有專門演出人員，觀眾隨興之所至，亦紛紛加入表演行列，但見燈光耀眼、五彩繽紛，人頭到處鑽動，似乎在顯示其昇平氣象及與萬民同樂之意思，金日成主席均蒞臨會場，接受人民歡呼與祝壽並作答禮。

在海外貴賓群集平壤參加祝壽活動，朝鮮半島局勢如此緊張之際，個人得拜會其國務總理姜成山，作長達一小時五十分鐘之晤談，殊為難得。姜成山總理對我國之經濟發展似相當瞭解，他表示希望能學習我國經驗與加強交流，並認為對我國之經濟發展將隨交流之進展情形而獲得解決，政府隨時願意出面保障投資人之各種權益，似乎暗示雙方可發展政府關係。他說勞動黨之基本政策為自主、親善與和平，政府奉為最高指針，並說朝鮮半島地只有這麼大，人都是朝鮮人，打來打去都是在自己的土地上打，都是在打自己的人，因此朝鮮絕不會先挑起戰爭，但如果他人先攻擊，朝鮮絕不會坐以待斃，一定會加以反擊。

自戈巴契夫 (Михаил Горбачёв) 提出「新思維」，倡導「開放」與「改革」，導致東歐國家改弦易轍，舊蘇聯瓦解，中國大陸發生六四天安門事件後，確給朝鮮相當壓力；而舊蘇聯與中共先後與其宿敵南韓建立外交關係，亦給朝鮮相當衝擊，使其更感孤立無助；南韓又在此時高喊西元 2000 年前韓國可完成統一，這當然是指以東西德模式，由南韓吸收朝鮮完成統一而言，更使其心生恐懼，而不得不借助核子武器之威力以鞏固其政權，這應該是造成朝鮮半島核子危機之最

重要因素。

朝鮮由於貧窮與落後，非必要時似無輕易發動戰爭之可能，只有在其政權之安全維持受到威脅時，才有冒險一擊之可能。因此解決之道，就在於保障其政權之安定與持續發展，如果威脅以武力統一，反正不戰必敗，戰雖非必勝尚有不敗之機會，則不無放手一搏之可能，因此緩和朝鮮半島的緊張情勢最好的方法就是閉口不再談統一問題，給予善意的協助與支持，這與朝鮮主張之高麗聯邦共和國的統一方式不謀而合，與南韓暫時性之兩個韓國的政策亦並行不悖，只有如此，朝鮮半島的緊張情勢當可不了了之。

至於我國與朝鮮的關係，據悉該國高層人士對中共認敵為友，甚為不滿，政府官員中，財經要員不乏主張不顧中共反應發展與我國關係，外交方面官員則認為目前其外交依賴中共甚多，無法太違背中共意思，但如核武糾紛解決，經濟問題更受到重視，與我國發展關係應無太大困難，似可先從推動民間關係開始。

第六章　比現代集團更早的金剛山旅遊開發案

第一節　金剛山、白頭山投資開發案

　　1994 年 5 月 9 日，朝鮮重設備集團負責人趙彰德（音譯）一行來臺訪問，這段時間，朝鮮對開發觀光資源，發展觀光事業似頗為關心，曾數度接受個人建議，希望臺灣能投資 105 層的柳京大飯店，或開發高爾夫球場，態度極為誠懇積極，但當時南、北韓關係處於緊張狀態，我國還不能不考慮到南韓及美國的反應。經過反覆研商、討論後，說服北韓接受南韓的投資，亦說服韓國財團，前往投資，開發金剛山為國際性的大觀光遊覽區，因為北韓的觀光發展對緩和南、北韓的關係應該有益，而南、北韓關係改善，國際交流後，不怕沒錢賺。

　　在韓國友人東方文化藝術協會會長金基洞等人協助下，以這樣的理念說服南韓明星集團的金會長（姑隱其名），同意投資進行金剛山觀光資源的開發及觀光旅遊，雙方並於 1994 年 12 月 23 日在臺北簽署合作意向書，準備進行更細部的規畫。金剛山開發案，似與我國沒有直接關係，但北韓如能接受南韓投資，雙方關係便能得到改善，南、北韓關係能獲得

改善，南韓反對我國與北韓接觸、建立關係的可能性便會降低，因此是值得進行的一件事情。金剛山、白頭山（我國稱長白山）投資開發案為確保投資之安全性及保障旅客性命、財產之安全，決定組織純民間性質、跨國性的東文海外旅行社為主辦單位，東方文化藝術協會為協辦單位，計畫北以白頭山八景為起點，南至環東海，以金剛山為中心，預估觀光旅遊人數每年將達一百萬名，原擬自 1994 年 10 月 1 日開始進行。

金剛山、白頭山觀光事業開發計畫書首頁

拜訪東方文化藝術協會會長金基洞（左一）
談金剛山投資開發案（1994 年攝）

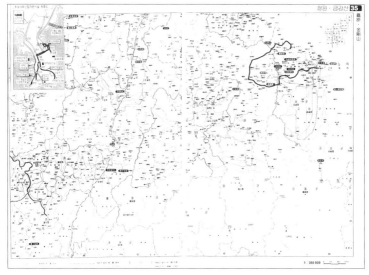

金剛山（地圖右上方圈選處）位於三十八度線以北不遠處

　　不幸的是，朝鮮國家主席金日成於 1994 年 7 月 8 日猝死，南北韓關係陷入緊張狀態，一切重大計畫均須等待接棒人繼位視事，政局恢復正常後才能再作檢討而遭擱置，此案遂告胎死腹中。1998 年 6 月韓國大企業、現代集團名譽總裁

鄭周永率同家族成員九人，經三十八度線前往朝鮮參訪，同意分兩次贈送 1,001 頭牛、6 萬噸玉米，並與朝鮮亞太和平委員會委員長、勞動黨朝鮮事務書記金容淳簽訂協議書，開放每天一千名南韓人民搭船從南韓東海岸束草、經元山前往金剛山觀光旅遊。上述開發計畫案不僅早了四年，規模更大，旅遊人數更多，影響更深遠，如能照案推動實行，雙方關係必能獲得更大改善，也能促使北韓更早開放與改革。

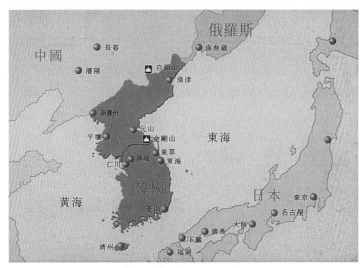

由南韓束草往金剛山路線圖
（資料來源：韓國觀光公社金剛山旅遊手冊）

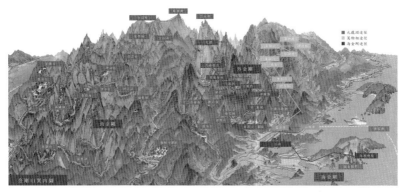

金剛山遊覽圖

第二節　金日成逝世後北韓動向

　　為確認其國家主席金日成死後北韓政治、社會的動向，包括金正日接班問題及對我國態度是否改變，個人乃應高麗民族產業發展協會之邀，與臺北縣議員葉正森等人，於 1994 年 8 月 22 日前往平壤進行為期五天的參觀訪問，住宿國家招待所。訪問期間前往萬壽山向金日成銅像獻花致哀，與高麗民族產業發展協會就全盤問題交換意見，並與各業種別負責人進行討論，再與高麗民族產業發展協會綜合討論，獲具體結論後，27 日經北京、香港返臺。在參訪過程中，發現其社會安定平靜一如往昔，金正日早已順利掌握黨、政、軍實權，並將逐漸採取更開放與改革之步驟，仍希望與我國建立交流與合作關係，並謂我政府官員前往平壤，如感交通不便，願派專機於指定地點迎候云云，態度誠懇友好。當時曾應韓國北韓研究所之邀，撰寫〈後金日成時代朝鮮之可能動向〉一

文，於《朝鮮》月刊發表[1]，今日看來仍有其參考價值，特翻譯介紹如下。

朝鮮前國家主席金日成於1994年7月8日因病死亡的消息傳出後，舉世震驚，幾至不敢相信，甚至明言非自然死亡之可能性，其主要原因在於6月中旬他與美國前總統卡特會商核武爭議時，在電視上出現的鏡頭還是那麼健康、愉快，怎麼一眨眼就「天人永別」了，而他同意兩韓高峰會談及與美國就有關凍結核武發展計畫的決定，如何善後，以及金正日能否順利接班，接班後之作為又如何？更引起大家的關心。

一、金日成其人

金日成1912年出生於平壤，享年八十二歲，根據報導，他早就要借助醫師與藥物維持健康，一個八十二歲的老人，即使健康情形不錯，也是說走就走，何況健康並非十分良好的人。卡特在與金日成會面後，說他還可掌權十年，我們不知他是看走了眼，或另有其他用意。

金日成原名金成柱，幼隨父親金亨稷逃避日本的高壓統治而逃亡到東北，畢業於吉林毓文中學，曾加入共黨青年同盟，組織抗日游擊隊，從事抗日活動，後來並加入中國共產黨，奠定了他與中國共產黨的革命感情。嗣因受到當地日軍的壓制，而輾轉撤退到蘇聯境內，後來潛往莫斯科，加入蘇聯共產黨，並與金貞淑結婚，1942年生下金正日。1945年日

---

1 《朝鮮》月刊（漢城：北韓研究所），1994年9月號，頁188-197。

本投降第二次世界大戰結束後，隨蘇聯紅軍返回平壤，翌年出任北朝鮮臨時委員會委員長，1948年9月在大韓民國政府成立後，朝鮮地區成立「朝鮮民主主義人民共和國」，出任首相，從此一帆風順，擔任國家主席、軍事委員會委員長與執政之勞動黨總秘書，可謂集黨、政、軍等大權於一身，以迄於死。

　　朝鮮是一個非常封閉、專制與獨裁的國家，我們在1991年2月到平壤訪問時住在他們的國家招待所，雖然可以透過總機打電話回臺北，但總機電話號碼接線生要我們問導遊，導遊說會問問看，但結果到離開平壤時，連國家招待所的電話是幾號都沒有問出來。而在簽證有效期間內，想多停留一天，都沒有人能作主或代辦手續，一直到國家旅遊總局長當面答應，問題才告解決，這樣子的國家說政治上有反對勢力我相信，但說反對勢力者可能搞出暗殺事件來，我是不大相信的。

二、金日成統治下的朝鮮

　　自朝鮮建國以來金日成一直掌握政權長達四十六年，在此期間其言行成為全世界輿論之焦點，影響深遠者有：

　　1.1950年6月25日揮軍南侵，發動韓戰，造成聯軍三十六萬餘人之死傷，共產集團一百七十萬餘人傷亡，並使南北韓從軍事性的暫時分裂，走向政治性的長期對峙，使朝鮮民族飽受親人離散、生死不明之痛苦。關於韓戰，自由世界雖

認為由朝鮮所發動，但朝鮮卻說是由南韓先發動，最近俄羅斯所公開的檔案是說，朝鮮偽稱南韓境內有十萬地下組織，只要一聲令下即可南北夾攻，完成統一，史達林信以為真，促其徵詢中共意見，中共力表贊成，史達林乃答應金日成南進的要求，遂造成此一歷史悲劇。

2.1970 年代初期的南、北韓會談。南韓總統朴正熙於1970 年光復節的演說中表示，南、北韓應作善意競爭，讓人民作自由選擇，並建議雙方應即進行會談，朝鮮立即作善意回應，翌年即展開紅十字會談，以確認南、北韓離散家族之行方與會晤、書信往來等問題。第二年 7 月 4 日雙方政府經會談後並發表共同聲明，同意為解除相互間之誤解與不信任，緩和緊張情勢，促進國家和平統一而進行政府間的會談，並組織南北調節委員會處理有關事宜，於漢城、平壤間架設直通電話處理緊急事宜，一切進行似頗為順利，使人感到振奮。但好景不常，1973 年 6 月朝鮮突以抗議南韓於日本東京綁架金大中為由，全面中止各種會談，迄 1979 年朴正熙被弒後，雙方經過不斷的喊話後又斷斷續續開始接觸，最後並於 1991 年簽訂「南北韓和解、不可侵、交流與協力協議書」。

3.核武爭議。朝鮮於 1985 年加入禁止核子擴散條約後，應依規定接受國際原子能總署的檢查，1993 年 2 月總署要求朝鮮對兩處未經申報之核廢料場進行特別檢查，朝鮮以其為軍事設施不在檢查範圍之列為由，拒不接受而引發爭議，稍後並宣布退出該條約，經聯合國安撫後又暫時凍結退出之決

定。但談判並不順利，1994 年 4 月朝鮮斷然拒絕聯合國全面開放接受檢查之要求，不久並宣布絕不讓外界破壞其核子發展計畫之強硬態度，因此引起美國施予制裁之議。但朝鮮亦不示弱，即宣稱任何制裁將被視同對朝鮮宣戰，中共又表示一旦發生戰爭，將動員十萬大軍支援朝鮮，南韓亦於此時動員六百萬後備軍人舉行民防演習，美國亦積極備戰，朝鮮半島戰雲密布、情勢緊張，戰爭有一觸即發之勢。美國前總統卡特應邀先於漢城會晤金泳三，6 月 15 日經板門店到平壤會晤金日成後表示，朝鮮同意與美國在日內瓦舉行第三階段高層會談，並與南韓金泳三總統舉行高峰會談，不意金日成竟於此際亡故，遂引起世人震驚與疑慮。

金日成統治下的朝鮮是個極端封閉的社會主義國家，人民免繳所得稅、醫療免費、教育免費、人民所居住之房屋亦由政府免費配給，當然一切資源歸國家所有，因此境內雖少有百萬富翁，亦免露宿街頭之苦，這點與南韓貧富相差懸殊成強烈的對比，據說就憑這點，使得當時南韓對於人民與朝鮮全面交流，心存疑慮，而不敢放手去做。

三、金正日其人及其接班問題

金正日 1942 年生於白頭山（我國稱為長白山，位於中、韓邊界，是兩國迄今仍有爭議之國界），是金日成與元配金貞淑長子，六歲喪母。因幼年即失去母愛，且時值第二次世界大戰結束之際，生活困苦而不安定，造成他被認為孤獨的性

格。1945 年大戰結束，隨金日成返回朝鮮，1950 年韓戰當時被疏散到東北避難。1960 年入金日成綜合大學政經學系，1964 年大學畢業加入勞動黨，翌年奉派在金日成親信的警衛隊工作，從此和情治工作結下不解之緣。1978 年出任「主體旅團」護衛金氏父子之「御林軍」指揮官，1980 年出任黨政治局常務委員並兼軍事委員，1992 年金日成自封大元帥，元帥一職則由金正日接任，一般政務實際上已由金正日接管。

從金正日上述經歷看來，由其接班早在 1974 年就作決定，其間並經過無數的磨練與準備，在像朝鮮如此封閉，統治如此嚴屬之國家，說軍方或社會上有不滿之反對者存在，這是無可避免之事，但說反對者之勢力大到可以影響其繼承，我認為是不大可能的。

近來又有人說，其後母金聖愛所生，當時駐保加利亞大使金平一可能是其政敵。同父異母之兄弟鬩牆，雖常為小說之主題，但金日成既為其父，當知兩兄弟之個性與想法而有所教導與安排，兩兄弟亦當知合則兩利，分則兩敗，互鬥的結果必然是兩敗俱傷的道理，因此說金平一之存在有監督金正日之作用，是可以相信的，說金平一有妨害金正日接班之事，我仍然不大相信。

四、金正日繼位後朝鮮的大政方針

金正日是金日成的長子，心肝寶貝，政權的繼承人，金日成在 1974 年選定金正日為其繼承人之前，必經過相當的觀

案、考驗和思慮後，認為堪當大任才作此決定，選定金正日為繼承人後，又經二十年的調教與磨練，才一步步把政權交給他，因此金正日執政後之作為應該承襲其父金日成的理念和作法，而不會有太大改變。但畢竟時代已經不同，環境也有變化，人物亦有更迭，因此在作法上、在執行的技術上、在小節上不同於以前，那是理所當然之事。

金正日接掌政權後，大家最感興趣、最為關心者莫過於是否開放與改革，如何解決核武爭議的兩大問題：

1.關於開放與改革：個人認為金正日掌權後，必以更大的腳步向前推進。個人於1991年2月首度訪問朝鮮，曾被安排參觀該處興建中之大型觀光飯店，其中最大者高達105層，其他亦在50層左右，據說完工後之總客房數將達一萬室，與當時臺北市的觀光飯店可能不相上下，從決定興建觀光飯店、設計、籌措資金、購置建材到動土興建，在朝鮮這樣的國家可能需有五、六年的時間，也可說朝鮮早在1985年前後就已決定開放，並準備與南韓進行各種會談，對此並抱著相當的希望與信心，但後來因受東歐國家民主化的壓力，前蘇聯和中共先後與南韓建交的衝擊，以及南韓高喚西元2000年前韓國可能完成統一的影響，而逐漸失去信心，甚至不得不發展核武以鞏固其政權，因此金正日於掌權後，只要核武爭議解決，必能採取較為開放與改革的態度處理國事。

2.關於核武爭議問題：朝鮮發展核武的背景已如上述，至當時其是否已保有核子武器，則仍然是待解的謎，據西方

情報機構的研判與分析，從已製造一、兩個核子武器到四、五年後才能製造第一個核武者都有，世界各國已製造核武，並擁有數十、數百千個者不在少數，而對一個有或沒有都不確實的國家施予制裁，這是朝鮮不服而大聲抗辯者。

自由世界對朝鮮之報導可能因互不接觸而有缺之瞭解或故意誤導之情形者，其中最常見者如朝鮮之嚴重缺乏糧食，依據漢城出版《中央月刊》1994 年新年號之報導，1990 年南韓米之產量為 778 萬噸，朝鮮為 550 萬噸，朝鮮人口不及南韓之半，米之產量逾三分之二，加以在「中」、「朝」邊界有成千上萬的朝鮮人民從中共大陸搬運食米進口，說朝鮮的糧食短缺問題如何嚴重，是令人感到懷疑的。其他如全斗煥執政時代所謂朝鮮興建金剛山水壩，水攻漢城，而發動全民愛國捐款以興建和平水庫，吸收朝鮮放出的水，更是荒謬。另外像朝鮮向俄羅斯購買舊的、報廢的潛艇，重新武裝後投入戰場，嚴重影響亞洲之和平與安定的報導，實際上 1994 年 4 月個人到平壤訪問時，朝鮮知道我國的拆船業居於世界重要地位，曾表示很希望我國業者前往投資或給予指導協助，這件事後來被報導成為影響亞洲和平之軍事裝備，實在令人感到好笑，此種情形難怪朝鮮感到不快，而升高朝鮮半島的緊張情勢。如果美國與南韓能夠瞭解事實真相，並表裡一致，不孤立朝鮮，協助朝鮮，努力維持朝鮮半島的和平與安定，使南、北韓朝向 1973 年朴正熙所發表「大統領對有關和平統一外交政策之特別聲明」，或盧泰愚於 1998 年所發表之「七

七宣言」，甚至金日成所主張之「高麗聯邦共和國」前進，則核武爭端不但可以順利解決，還可以造成雙贏的局面。

五、金正日繼位後之對南韓關係

南韓認為金正日曾主導 1983 年全斗煥率團訪問緬甸時之仰光爆炸事件，與 1987 年朝鮮間諜金賢姬安置炸彈爆破韓航客機事件，而擔心其繼位後是否採取較激進的手段對付南韓？個人認為當時冷戰體制仍在，他如能傷害南韓，對共黨陣營未嘗不是功勞一件，且天塌下來還有老子金日成替他撐著，現在時間與空間都已不同，而他的所作所為要自己去負責，因此會持較慎重的態度，而不致太冒進。

南、北韓舉行高峰會談既為金日成既定政策，而金正日又是金日成選定之繼承人，除非有重大事故，應無輕易改變其父生前所作決定之理，但就其方法或過程作若干修正是可能的。

有關南、北韓未來關係的發展，列強諸國既然希望朝鮮半島和平與安定，亦希望維持分裂之現狀，而南、北韓對於統一的形式或說法雖然不同，實際上均主張維持各自為政的局面，這當為南、北韓關係發展之方向。

六、金正日繼位後之對俄、中共關係

朝鮮對前蘇聯與中共和南韓建交必然感到相當不悅，但基於經濟上、軍事上的理由，卻也無可奈何。金日成在世時

與中共之領導人因有老關係而沒有受到太大影響，金正日繼位後對中共關係，基於人與人之關係的改變及自主意識的抬頭，不如以前是理所當然的。正因如此，中共基於本國的利益和需要將會加強掌控朝鮮，使朝鮮成為其附庸。

統一的韓國，如果是南韓統一朝鮮，將使中共因共黨國家又減少一個而顯得更孤獨，如果是朝鮮統一南韓，邊界可能再起糾紛，中越邊界之衝突，即為證明，均為中共所不願。韓戰當時中共雖支持朝鮮南侵，其目的在於試探美國，當時如果朝鮮真能統一南韓，中共亦可能進攻臺灣，但現在已不復有此種機會。中共支持朝鮮的統一政策——高麗聯邦共和國，支持南、北韓同時加入聯合國，就是最好的證明。

七、金正日繼位後之對美、日關係

美、日兩國一直希望朝鮮半島能維持和平與安定的局面，亦即維持分裂的現狀，維持列強在朝鮮半島的均勢，因此當南韓與前蘇聯及中共建交時，美、日兩國均感到南韓走得太快，而亟欲改善對朝鮮的關係，以平衡列強在朝鮮半島的勢力均衡，免得中共對朝鮮半島的影響力大於美、日兩國。

南、北韓的經濟實力在 1960 年代初，朝鮮猶略勝南韓，到 1965 年韓、日簽訂和約，南韓得到日本的「補償金」及經濟援助，朴正熙力行經濟建設五年計畫後才超越朝鮮，朝鮮當然希望這種情形重現於朝鮮，因此雙方必進行會談以解決日本殖民統治韓國期間之種種問題，並改善雙方關係。

　　而南韓與中共建交後已擁有與美國、日本、中共與俄國的外交關係，朝鮮想要和南韓競爭豈能只和中共、俄國維持外交關係，因此朝鮮亦需要和美國、日本改善關係、建立外交關係，這也符合美、日兩國的利益，更何況美國已答應只要朝鮮凍結核武發展計畫，願提供經濟建設之種種援助，因此雙方在協商過程中雖不一定很順利，但最後應有良好的結果。

八、金正日繼位後之對我國關係

　　近五十年來，我國與朝鮮之所以沒有接觸，不相往來，實因朝鮮為我國之敵——中共的盟邦，為我國當年之友邦——南韓之敵的間接關係所造成，雙方並無直接的衝突。現在上述情形已有改變，國際關係亦不同於前，自無繼續維持前述關係之必要。

　　依個人數度訪問朝鮮，會晤其領導階層所得印象，朝鮮對我國態度友善，對我國農業改革成功及中小企業的經驗及經貿實力，亦相當曉解與重視，並希望我們能給予指導和協助，亦願意跟我建立政府層次的關係，互相通航、通海運、交換郵電，因此雙方關係之發展應該是樂觀的。

　　也許有人認為朝鮮國際形象不佳，經濟落後，社會封閉，不值得我們重視，個人看法正好相反，由於雙方同為東方國家，過去又無直接衝突，當能有良好發展，這對我國與美國、中共、以及南韓的關係，均有其正面意義，政府實應重視。

九、韓戰是否再度爆發

韓戰是否有再度爆發之可能，這是普遍受到大家關切的一個問題，個人認為依正常的情形來講，其可能應該不大，但偶發性的衝突、刺激對方的言行應儘量避免。因為南韓已表示要以和平的方法統一祖國，朝鮮亦表示絕不在自己的國土上跟自己的同胞打戰，不知是否可以相信？

依個人看法，朝鮮應無主動攻擊南韓的能力，亦無此意向。因為今日南韓已非當年的南韓，而且在美軍防衛下對南韓發動攻擊，無異於攻擊美國，雖然中共明確表示朝鮮半島再度發生戰爭仍將派兵支援朝鮮，但恐怕已無法如當年那麼盡心盡力了。

韓戰再度爆發，只有在：1.美國撤退駐韓美軍或宣布不協防南韓；2.國際關係或國際情勢發生重大變化，使俄國或中共認為有於朝鮮半島引發戰爭之必要；3.朝鮮內部的變化或需要，而有引發戰爭之必要；4.南韓內部發生重大變化，使朝鮮認為可以贏得戰爭等情形時，才有可能，但在目前發生此種情形之可能性並不大，因此韓戰再度發生之機會雖非完全沒有，但應該不多才對。

結　語

綜上所述，個人認為金正日應可確實掌握政權，但已無法如金日成之嚴屬控制與長期執政。

　　金正日繼位後將採取較為開放的態度處理一般國政，改善現有國際關係，因此核武爭議應能和平解決，有關南北韓高峰會談因非當前所迫切需要者，應會延後舉行或甚至暫時取消，朝鮮與我國關係在其核武爭議順利解決後，當會有突破性的發展。

朝鮮國家主席金日成親筆題詩（參見彩色頁 12）

第七章　協商經貿合作接觸頻繁

第一節　經貿與體育交流

1995 年初個人接獲朝鮮當局通知同意與我國互設代表部，擬於曼谷進行協商，乃於元月 11 日告知外交部亞太司鄧備殷司長，請外交部轉告我國駐泰國代表處與朝鮮駐泰國大使館接洽有關簽證及簽約等細節問題。3 月 4 日對外經濟協力推進委員會副委員長金應烈、朝鮮駐北京代表李成雲來訪，商談有關事宜。

1995 年 4 月 10 日朝鮮派吾八山貿易會社總社長韓台赫一行來華洽談農藥及肥料之合作生產問題，適興農農藥為國大同僚楊天生代表所經營，而臺肥總經理任魯為革命實踐研究院研究班第二期受訓同學，乃介紹兩人與韓社長會談，雙方極為坦誠之意見交換，進行亦算順利，但因所需資金龐大，如何分擔及負責管理等問題短期內無法建立共識而延誤進程。

同年 5 月 3 日，受託以中韓文化基金會董事長身分出席亞太理事會文化社會中心（Asia Pacific Council Cultural & Social Center，簡稱 ASPAC）晚宴，席間與該中心韓籍事務總長金興洙大使等人暢談朝鮮問題、南北韓關係與臺韓關係，至為熱絡。6 月朝鮮駐星（新加坡）泰代表金龍文來訪，就共

同關心問題之解決辦法交換意見。

　　除了經貿交流，體育外交也應重視。當年中華籃球協會秘書長李廣淮一行曾主動來訪，表示該會為加強倡導籃球運動，提高籃球運動之水準，每年主辦瓊斯盃國際籃球邀請賽，希望朝鮮亦能派隊參加，請求協助促成。個人乃於 1995 年 7 月 23 日應瓊斯盃籃球賽主辦單位之託，函請朝鮮派隊參加，得到善意回應，隨即派遣球隊前來臺北參加當年度比賽，共襄盛舉。

　　1995 年 8 月 1 日朝鮮對外經濟協力推進委員會副委員長金應烈緊急來函略以：經濟部楊世緘次長帶領之十名代表團擬於 8 月 21 日前來我國參訪，代表團名單中亦列有貴下大名，煩請與經濟部協商，我國希望能以民間層次接待貴團，又民族經濟委員會已解散併入對外經濟協力推進委員會，擬以對外經濟協力推進委員會金正宇委員長名義邀請貴團以民間代表團來訪，對外經濟協力推進委員會專責羅津、先鋒自由經濟貿易地區之開發工作，請貴團改以民間團體之名義前來訪問。

　　根據 1996 年 3 月 4 日外交部致經濟部函，當時擬訂前往平壤參訪之名單及服務單位如下：

團　　長	楊世緘	經濟部政務次長
高級顧問	林秋山	監察院監察委員
團　　員	雷道餘	經濟部國際合作處處長
	陳榮驤	經濟部投資業務處處長

朱為正	經濟部國際貿易局第四組組長
韓松林	中華民國國際貿易協會秘書長
鄒榮先	中華民國對外貿易發展協會展覽處處長
卓一平	經濟部國際合作處專門委員
謝目堂	經濟部研究發展委員會組長
卜昭麒	外交部亞太司專員

訪問期間要討論的內容包括：

㈠公共建設：電力、電信、圖們江計畫參與、工業區

㈡開採天然資源

㈢引進投資開發工業區：鋼鐵、煉油、水泥、建材

㈣民生工業發展

㈤農漁業改良

㈥觀光資源的開發

　　這個代表團後來因為其身分為官方或民間性質有所爭議，朝鮮方面似堅持以民間性質入境、接待，否則請先派遣實務代表團前往平壤，就會議主題等相關問題商定後再行前往，而楊次長復函又堅持以政務次長之身分率團往訪，一時無法解決而暫時擱置，改由經濟部長先邀請朝鮮對外經濟協力推進委員會委員長金正宇先行來臺灣參觀訪問，交換意見，解決一時爭議。同年 12 月 22 日朝鮮對外經濟協力推進委員會副委員長金應烈一行來訪，就我國海外投資情形，與政府主管機關交換意見，進行甚為順利。

　　1996 年 1 月 27 日至 2 月 3 日個人再次應邀前往平壤參

觀訪問,由朝鮮外交部提供禮賓車自停機坪直驅國家招待所,28 日先就經濟部楊世緘次長率經貿訪問團訪問朝鮮及雙方交流之相關問題,交換意見,並與祖國統一院副院長朴昌日及研究員等人就有關南北韓和平統一問題進行討論,個人提出三項建議:1. 接受南韓糧食及經濟援助;2. 允許籍設朝鮮、現住南韓人士返回故鄉參與建設; 3. 允許上述人民返回故鄉探親。對外經濟協力推進委員會委員長金正宇表示楊次長率團訪朝前,渠亦可先訪華,就有關細節作最後溝通。訪問期間在冰天雪地之異國「歡度」六十歲生日,他們也隨俗地為我準備了蛋糕、豚腳麵線和一桌頗為豐盛的晚餐祝壽。由於雙方對有些事情有不同看法,各自堅持,我還開玩笑的說,我是避壽才跑到平壤來,可見我多重視、多喜歡這個國家,因此應尊重我的看法,接受我的意見才是待客之道。2 月 3 日返國後,曾撰寫〈展望朝鮮最新情勢的可能發展〉一文呈報李登輝總統。訪問北韓談話紀要如下:

北韓方面表示:

　　1. 朝鮮極為重視與臺灣關係之發展,並謂如得比失多,將不惜一切盡力而為,但失比得多,則難有突破性進展,目前對中共之表現似很失望。綜合其意思,似暗示只要我國確能對其經貿發展有一定程度的協助與貢獻,在互設代表政府機構後,發展進一步關係亦非不可能。

　　2. 朝鮮願意與我國政府討論有關設立政府機構、簽證及

開設直通航路等問題，亦準備與我國從事文化、體育、及學術等各方面交流，但極希望於水災受損情形嚴重之際，我國能伸出援手，表示國人關切之意，這對增進雙方關係，一定會有所幫助。

3.朝鮮對國人海外投資情形及成果甚為注意與關心，對經濟部楊次長世緘於 1995 年 12 月對朝鮮對外經濟協力推進委員會副委員長金應烈一行表示，願以國際合作基金赴朝鮮投資從事基礎建設，甚感興趣，對我國投資越南及其他國家都能達 50 億美元以上，進行順利，效果良好，也極重視，亦期待與我國之經貿關係將來能有此一額度之投資，希望能獲得更具體明確的說明。

4.朝鮮隨時歡迎楊次長以民間身分訪問平壤，如果楊次長必須以公職身分訪問平壤，建議先派遣擔任實際業務人員到平壤，就楊次長訪問朝鮮擬討論之相關問題進行協商（包含可能投資項目與金額），或由其對外經濟推進委員會委員長金正宇來華洽商上述有關事宜。據悉金委員長為朝鮮對外經濟之實際負責人，甚受倚重，其意見直達金正日，地位重要，影響力甚大。

5.朝鮮希望我國考慮以國際合作基金投資柳京飯店為首之十五項計畫（詳如附件）約 26 億美元。

對此本人表示：

1.首先代表我國人民對其水災受損情形表示關心，衷心

祝賀「偉大的領導者金正日將軍」之生日，並謂我外交部應
其外交部之請求，雙方即將面商有關我國表示關心與誠意之
問題。

　2.從我國與各國發展經貿關係前例看來，與我國發展關
係，利多於弊，不必太在意中共之反應，東南亞與我無邦交
各國之情形可為證明，雖可能引起中共一時之抗議，但亦僅
至於此而已，因中共不能干涉他國內政，亦無力提供各國經
貿發展所需之技術與資金。

　3.文化、體育及學術等各方面之交流，是喚起國人關心
朝鮮之契機，發展雙方關係之基礎，應予重視，個人願從旁
協助推動。

　4.經貿關係及觀光客增多後，有關來往交通、簽證之方
便，及居留海外人民需政府協助解決之要求均必須妥善解決，
才能有突破性進展，屆時當由我外交部、交通部及經濟部等
主管機關與其相對機關進行協商。

　5.關於楊世緘次長於去年 12 月對來華訪問之金應烈副
委員長表示之意願，應由楊次長說明為宜，至於我國投資朝
鮮之金額及項目屬經濟部權限，個人不便擅作主張，將轉請
經濟部研究。

　6.有關楊次長訪朝鮮，或金正宇委員長訪華事宜，將洽
請經濟部等有關機關研究，個人將居幕後促成之。

　1996 年 5 月，南韓取得 2002 年世界盃足球賽的主辦權
後，頗想順利舉辦，並藉以改善南、北韓關係，5 月間我與南

韓有關人士會晤時，他們突然向我提出能否促成南北韓共同主辦 2002 年世界盃足球賽，經我居中轉達後，朝鮮當局也欣然接受，雙方隨即進行協商。未料協商之時北韓認為既然是共同主辦，則開幕或閉幕典禮之一應於北韓舉行，且正式比賽要有一半在北韓舉行，南韓則認為共同主辦只是象徵性而已，只願較不重要的幾場比賽在北韓舉行，協商因而破裂，實在可惜。

　　1996 年 6 月 22 日朝鮮政務院對外經濟委員會副委員長李成祿為謀發展與臺灣的經貿關係、解決與裕台公司間之貿易糾紛來華訪問，期間並前來監察院拜會。茲誌其行程如下：

朝鮮政務院對外經濟委員會副委員長李成祿等一行訪華預定行程表

中華民國八十五年六月二十一日（星期五）	
15：15	新加坡→臺北（新航 SQ984）
15：15—17：00	赴凱悅飯店 CHECK IN
18：30—20：30	裕台公司晚宴（世貿聯誼社）(Dinner hosted by YU TAI CO.)
夜宿	凱悅飯店 (GRAND HYATT TAIPEI)
中華民國八十五年六月二十二日（星期六）	
08：30—09：00	赴監察院
09：00—10：00	拜會林監察委員秋山 (Call on Control Yuan)
10：00—10：50	赴外貿協會
10：50—11：30	參觀世貿中心 (Visit Taipei World Trade Center)

11：30—12：00	拜會外貿協會 (Call on CETRA)
12：00—14：00	外貿協會午宴（世貿聯誼社）(Lunch hosted by CETRA)
15：00	赴故宮博物院
15：00—17：00	參觀故宮博物院 (Visit Palace Museum)
18：30—20：30	林監察委員秋山晚宴 (Dinner hosted by Mr. Lin, Member of Control Yuan)
夜宿	凱悅飯店 (GRAND HYATT TAIPEI)
中華民國八十五年六月二十三日（星期日）	
09：00—10：00	赴小人國
10：00—12：00	參觀小人國 (Visit Window in China)
13：00	午餐
14：00	赴石門水庫管理局
14：00—16：30	參觀石門水庫 (Visit Shihmen Dam)
18：00	返回凱悅飯店
20：00	晚餐
夜宿	凱悅飯店 (GRAND HYATT TAIPEI)
中華民國八十五年六月二十四日（星期一）	
09：00—09：30	赴國際貿易局
09：30—10：00	拜會國際貿易局 (Call on Board of Foreign Trade)
10：00—10：50	赴農委會
10：50—11：30	拜會農委會 (Call on Council of Agriculture)
11：30—13：30	午餐
13：30—14：30	赴海合會
14：30—15：00	拜會海合會 (Call on International Economic Cooperation Development Fund)
16：00	赴經濟部

16：00—17：00	拜會經濟部許次長柯生 (Call on Ministry of Economic Affairs, MOEA)
18：30—20：30	經濟部許次長柯生晚宴 (Dinner hosted by MOEA)
夜宿	凱悅飯店 (GRAND HYATT TAIPEI)
中華民國八十五年六月二十五日（星期二）	
10：00—10：30	凱悅飯店 CHECK OUT 赴中央投資公司
10：30—11：00	拜會中央投資公司 (Call on Central Investment Holding Co., Ltd)
11：00—13：00	中央投資公司午宴 (Lunch hosted by Central Investment Holding Co., Ltd)
14：00—16：30	赴土改訓練所
16：30—18：30	參觀土改訓練所 (Visit Land Reform Training Center)
18：30—20：30	赴臺中長榮桂冠酒店 CHECK IN
20：30	晚餐
夜宿	長榮桂冠酒店 (Evergreen Laurel Hotel)
中華民國八十五年六月二十六日（星期三）	
09：00—10：00	長榮桂冠酒店 CHECK OUT 赴臺中區農業改良場
10：00—12：00	參觀臺中區農業改良場 (Visit Taichung District Agricultural Improvement Station)
12：00—13：30	午餐
17：00	赴凱悅飯店 CHECK IN
18：00—18：30	赴外交部（以下李成祿返國取消）
19：00—21：00	拜會外交部陳次長錫蕃 (Call on Ministry of Foreign Affairs, MOFA)
21：00	外交部陳次長錫蕃晚宴 (Dinner hosted by

	MOFA)
夜宿	凱悅飯店 (GRAND HYATT TAIPEI)
中華民國八十五年六月二十七日（星期四）	
離華	

第二節　金日成逝世與其「遺訓教示」

依據南韓《朝鮮日報》一篇以金日成的「遺訓教示」為題的報導中指出,朝鮮國家主席金日成在 1994 年 7 月 8 日逝世前兩天，曾召集政務院總理、黨秘書、副總理以及國家計畫委員長等經濟部門的核心幹部於其位於妙香山的辦公室下達指示，其內容集中在經濟問題上，包括電力、化學工業、水泥、金屬、造船工業、對外經濟合作等 [1]。這項報導說明金日成主席雖因病而死，而且在死亡之前應該已有徵兆或預感，才會把核心幹部召到妙香山的辦公室交代後事，這一事實也澄清了當時部分媒體對金日成係人為致死、甚至是被謀害的種種揣測。

金日成逝世前於妙香山的指示,內容包括各項經濟建設、對外經濟合作即達成和平統一等，金日成並表示:「我認為今後無論那一個國家要與我國經濟合作都應答應與其合作，雖然不與外國經濟合作也可以活下去，但與其經濟合作也不會有什麼損失。」金日成死後，這個指示便成為其「遺訓教示」，亦即遺囑。也許是受其遺囑的影響，朝鮮很快便同意與我國

---

1 〈金日成遺訓教示〉,《朝鮮日報》,漢城,1996 年 11 月 18 日。

商談互設代表部 (暫名)，翌年 6 月雙方並由我駐泰國臺北經濟貿易辦事處與朝鮮駐泰大使館作細節之商談，這次的商談，後來聽說由於雙方對合作方案及執行方法無法取得共識而告中斷。

「遺訓教示」收錄於 1996 年 6 月出版之《金日成著作集》第四十四卷，主要內容說明如下：

㈠電力問題：

電力與鐵路運輸同為人民經濟之火車頭，為解決電力問題，應建設重油發電廠。不過，就現狀而言，因為建設核能發電費時甚久，而水力發電則需看老天爺的臉色，火力發電需依賴煤炭之生產。應於咸興、海州、金里院建設二十萬瓩規模之火力發電廠，於咸北地區建設三十至五十萬瓩之重油發電廠，並開發羅津、先鋒為自由貿易區，於此地建設重油發電廠才是上策。目前施工中的金剛山發電廠、金雅江發電廠、泰川發電廠、永原發電廠等水力電廠應儘早完工。

㈡化學工業：

興南肥料工廠之補修於 1994 年下半年完工，翌年起每年生產八十五萬噸肥料，補修肥料工廠所必需之不銹鋼應自己生產，但應進口者即便花費外匯亦應購買。

㈢水泥工業：

水泥生產正常化後，每年可輸出六百萬噸，每噸以三十美元計可賺取一億八千萬美元外匯，品質好的水泥價錢可提高到五十美元，因此提高品質則可賺取三億美元之多。

(四)造船工業：

　　在社會主義市場消失之條件下，應與東南亞國家積極發展貿易，為此需有很多的大型貨輪，在數年內應有一百艘大型貨輪。

(五)對外經濟合作：

　　朝鮮幹部不善經商，因此要把貿易人員派到外國，擴大視野，熟悉商情。為建造大型貨輪應與外國合作，我認為今後無論那一個國家要與我國經濟合作都應答應與其合作，雖然不與外國經濟合作也可以活下去，但與其經濟合作也不會有什麼損失。

(六)經濟幹部的使命：

　　部分經濟幹部對工商企業未作深入研究，也沒有創見，從事經濟工作人員對自己擔當之工作深深檢討，為解決經濟問題應攜手合作，用盡智慧和精力。對黨及領袖之忠誠非僅止於口頭說說而已，應以自力更生，刻苦奮鬥之革命精神突破瓶頸。

(七)統一問題：

　　我們應高舉主體思想的旗幟，以實現社會主義之完全勝利及祖國統一，完成主體革命的偉業，主體思想是我國人民代代相傳，高舉前進之革命及建設之指導思想。

　　所謂主體思想是金日成思想的精華，可綜合為國防自立、外交自主及經濟自足等三大思想，其於朝鮮，有如三民主義之於我國。從金日成「遺訓教示」可見，朝鮮當年將朝鮮電

力開發組織（Korea Electric Development Organization，簡稱KEDO）支援的 65 萬噸重油全部供應先鋒發電廠，及金剛山發電廠之順利完工，均為「遺訓教示」所賜。整體而言，「遺訓教示」不但說明其對發展朝鮮經濟的構思，亦表示其以主體思想之旗幟及社會主義之完全勝利以統一南北韓之想法。金日成對今後無論那一個國家要與其經濟合作都答應的指示，亦多少表示準備開放的態度。

　　1994 年 8 月 29 日朝鮮吾八山會社總社長韓台赫一行前來監察院拜訪，再就農藥及肥料之合作生產問題交換意見。韓總社長一行來華事先並未約好抵達日期及班機，但當個人接到他們發自平壤的傳真信函時，人已在飛向臺灣的飛機上，後來才知道原來是因為當地的國際傳真信函要經過安全審查無慮後才能轉發所致。韓總社長等人也對於申請入境臺灣簽證須有邀請書外，還得有在臺財政保證人，大感不便。

　　為此，個人曾向外交部建議改善，才得知是因為朝鮮為我國之不友好國家，對其入境較一般國家要求嚴格。經再向外交部說明個人數次入境朝鮮時，並無類似經驗，還曾搭乘其所提供的專機，飛機降落平壤機場後，禮賓車直接從停機坪把我們接走，根本未經過其出入境管理窗口。外交部認為這是對國賓之禮遇，如此已足以表示朝鮮對我國之友好與尊重，於 1994 年 12 月 20 日函覆表示，該案經就政策面通盤研究後，決定把朝鮮從非友好國家中除名，原覓保手續亦予廢除，從此朝鮮人民來華可免驗邀請書及財政保證書之麻煩。

　　1994 年 10 月 8 日朝鮮建設實務代表團來訪，就朝鮮技術上準備結合之建築勞力及技術人員之雇用問題、建築部門之合營或合作、共同進行海外建設等問題，與我國業者及政府相關部門作實務性討論。但因牽涉到投資金額、利益分配、責任分擔及人員管理等問題，一時不容易取得共識，須繼續進行溝通，而只能作初步的意見交換。

　　同月 21 日朝鮮國際自主和平財團秘書長方剛壽奉理事長黃長燁之指示，來電邀請個人前往平壤參觀訪問，就有關教育、文化、學術之合作交換意見。黃長燁在朝鮮地位崇高，排名第三，有國師之稱。個人與有關方面洽談準備前往訪問期間，黃長燁本人於翌年 2 月 5 日亦親自來電邀請早日成行，可見其誠意與重視。

　　1994 年 11 月 6 日金三龍與金永煥等一行奉其長官之命，負特殊任務前來就某種極敏感問題交換意見，並初步達成協議。我國主管機關之副首長隨後亦前往參訪，協商其所主管領域之合作交流，惜未諮詢個人，終因對朝鮮認識不夠、準備不足而功虧一簣。

　　11 月 17 日，由於北韓辣椒豐收，辣椒醬生產過剩，希望臺灣能幫忙消化。個人以為兩國消費者喜歡之口味不同，建議轉輸往南韓，經徵求南韓友人之協助，取得其政府同意後，由生產開城辣椒醬之延豐貿易會社派員來臺，與南韓商社華朝企業有限公司代表在臺北直接進行具體協商，簽訂合議書，南韓方面同意每年進口三百噸辣椒醬，條件是南韓得指派專

人前往平壤作安全檢驗，北韓方面並同意安排機會讓南韓安檢人員與其幕後老闆張成澤（金正日妹婿、朝鮮勞動黨行政部長）見面，建立關係。整個事情在洽商初期並不順利，但因為得到南韓主管機關的協助，銷售得到保障後，進展非常快速，雙方人員於各自政府的協助下圓滿簽訂契約。然而好事多磨，天不從人願，南北韓不久即發生重大衝突事件。1996年9月18日凌晨，南韓計程車司機李某在東海岸江陵市大浦洞海岸發現觸礁的北韓潛水艇，南韓軍方動員八萬餘名軍人和數十架直升機，搜索為期五十日，共射殺十一名北韓士兵，十四名在逃，而南韓軍民亦有十六人死亡。上述辣椒醬買賣契約遂告廢止。

第八章 我國農畜產專家考察平壤提供援助

第一節 第一次中華民國農業專家朝鮮考察團

我國外交部基於人道考量，為協助北韓改善人民生活，於 1996 年秋冬之際，決定應北韓要求派遣農、畜產專家考察團前往平壤考察，邀個人任團長，11 月 26 日出發，12 月 2 日圓滿達成任務，安抵國門。在出發前，朝鮮友人來函告稱：平壤雨水集中夏季，葉菜類容易潰爛，夏天苦無葉菜可吃，請提供耐乾旱、又耐雨浸之菜種。個人經反覆思考後，決定帶空心菜種籽前去該國示範農場「順安農場」提供試種，結果非常成功，翌年再到平壤參訪時，農場場長非常高興的說，他們不但有足夠的葉菜吃，多餘的還賺了一筆錢，並因而當選模範農場經營者，上電視接受表揚，成為家喻戶曉的人物，領導人又召見嘉勉，備感光榮。下次讀者到平壤吃到空心菜，可要知道那是從臺灣帶過去的。此次「中華民國農業專家朝鮮考察團」成果報告，內容包括考察團緣起、組團經過、考察經過與心得報告、研析意見與建議事項及其他事項、結語等項，全文如下：

壹、緣　起

　　朝鮮（朝鮮民主主義人民共和國）近年來為突破外交孤立，改善經濟困境，乃改採開放路線，除盼與周邊國家改善關係外，並希望與我國加強經貿投資以及農、畜產業方面之合作關係。我政府鑒於朝鮮半島情勢已漸趨緩和，美國、日本與朝鮮間就改善關係問題進行多次協商，遂於民國 80 年底開放朝鮮為直接貿易地區，致近數年來雙方在經貿投資與觀光旅遊方面之往來互動逐漸頻繁。

　　本人平常與朝鮮方面保持密切聯繫管道，最近應朝鮮官營「平壤商社」代表金英海先生之請求，盼我政府於近期內派一農、畜專家代表團前往朝鮮訪問，並赴「平壤商社」負責經營，由國家領導人金正日指定為全國示範農場之「順安農場」考察，就雙方加強合作之可行性進行協商，同時亦盼我方給予技術協助，以提高該農場之生產與效率，以求逐步擴及全國，達到改善朝鮮人民生活之目標，經詢外交部意見，認為本案倘獲實現，有助於建立雙方長遠之睦誼基礎，殊值推動，爰決定派一農、畜專家考察團赴「順安農場」考察，俾前往現場進行評估研議，以供政府參考。

貳、組團經過

　　本案經過初步達成共識，後由外交部邀集各有關單位於本（1996）年 10 月 21 日在外交部舉行宜否派團之協調會議，

由外交部亞東太平洋司郭司長汀州主持，出席有：監察院林委員秋山暨外交部、行政院農業委員會、海外技術合作委員會暨臺灣省畜產試驗所等有關單位代表。經協調會討論決議：

一、我提供朝鮮「順安農場」農、畜方面之技術協助，有助於建立我與朝鮮互信與睦誼基礎，倘外交部認為有必要，各單位願積極配合辦理，惟為瞭解當地實情，似有必要組團前往考察，以評估研議呈供政府參核。

二、考察團名稱暫定為「中華民國農業專家朝鮮考察團」，團員亦均使用正式官銜，倘朝鮮認為尚不方便再改用其他民間名義。

三、考察團人數暫定十名以內，由監察院林委員秋山擔任團長，外交部、農委會及海外會各派一人，並由外交部函請農委會代遴選雞、豬等畜產及香菇、蔬菜以及水稻方面之專家四至五人，另由團長林委員秋山遴派熟悉此朝鮮事務人士乙名兼任秘書。外交部人員必要時兼任傳譯。

四、考察團訪問日期暫定本 (1996) 年 11 月 12 日至 18 日，行程自臺北經澳門轉機後直赴朝鮮。

我方農業專家考察團組成並經外交部章部長於本 (1996) 年 11 月 5 日下午在外交部接見後，原擬於同月 12 日按原訂計畫啟程赴訪，惟因我方要求給予落地簽證以及朝鮮方面表示擬重新考慮提高接待層次，作業上需要時間，經與我方協調後延於同月 26 日成行。

據瞭解朝鮮政府單位，對於是否接受我農業專家考察團

以正式職銜往訪一事，部會間曾有激烈爭議，最後經報奉核定後才欣然接受，並予落地簽證，以示禮遇。

考察團名單如下：

團　　長	林秋山	監察委員
團　　員	謝順景	海外技術合作委員會執行秘書
	王政騰	臺灣省畜產試驗所研究員兼秘書
	吳明哲	行政院農業委員會技正
	連忠勇	行政院農業委員會專員
	卜昭麒	外交部亞東太平洋司專員

參、考察經過與心得報告

　　我團一行六人在團長監察院林委員秋山率領下於 11 月 26 日自臺北經澳門轉機於當日晚間 7 時 30 分許抵達平壤，下機後即受到朝鮮政務院事務局（司）副局長申東植以平壤商社顧問身分偕平壤商社及「順安農場」相關人士之熱烈歡迎。入境後，首先被安排前往平壤市區萬壽山紀念廣場向金日成銅像獻花致敬，夜宿平壤飯店。

　　我團抵達平壤翌日，即逢寒流來襲，氣溫遽然下降，迫使我團每日均在零下十二度至十四度之酷寒中展開活動，備極辛勞。

　　全程六天之考察活動除利用短暫時間參觀主體思想塔、凱旋門、萬景台（金日成生家[1]）及朝鮮始祖檀君陵外，其

---

1 即出生地。

餘均係在「順安農場」作現場考察及進行分組討論活動。

　　考察結果，我團認為「順安農場」之設施、管理及技術方面均有頗大改善空間，倘依照我國專家代表團所建議之方式，改善技術水準，汲取現代化經營理念，並配合我方提供之優良豬、雞種以及蔬菜種籽，有效加以克服寒帶氣候特性，不僅能夠增加生產，並提高品質外，且可於適當時期內達到預定之水準。

　　謹將我團考察之心得報告分述於下：

甲、朝鮮農作物生產概況

㈠總體作物生產

　　朝鮮為達生產目標，有關作物栽培，均採用優良品種及現代化栽培技術，根據 *Korean Review*（Pang Hwan Ju 著，1998年出版）第一三八頁之說明，全國作物平均產量，水稻每公頃為七‧六公噸、玉米為六‧五公噸。另據統計資料顯示，1977 年之穀物生產量為八五〇萬公噸、1979 年為九〇〇萬公噸、而 1984 年高達一〇〇〇萬公噸。惟近年因氣候不佳、化學肥料供應不足及美國之經濟制裁等因素，全國穀物大幅度減產，導致糧食供應不足。為解決上述問題，朝鮮積極謀求增加生產力，以期能達到平均產量稻米每公頃九公噸、玉米每公頃九‧六公噸之目標。

㈡農業生產及研究

　　據我農業專家考察團赴「順安農場」實地訪談暸解，朝鮮最高農業研究單位為科學院，具有整體研究體系，從品種

選育、栽培管理及收穫後處理等進行系列之試驗研究。以水稻為例，進行系列之栽培技術及品種改良，諸如育苗法、插秧法、插秧技術、栽培密度、堆肥及化學肥料之施用量、灌排水管理等，均詳加研究，並將其研究結果推薦給農民廣為使用。朝鮮科學院亦進行玉米研究，並選育優良之雜交第一代種籽，提供農民種植。

乙、「順安農場」概況

　　「順安農場」為社會主義制度下之集體農場，係「偉大領袖」金日成主席於 1951 年 8 月親自指示成立，金正日曾八次前往視察指導，為朝鮮最具象徵意義及規模最大之社區示範性農場，土地面積為一八○公頃，包括水稻田六五公頃、玉米田四十公頃、果園十八公頃、蔬菜園十公頃，餘為辦公室、員工宿舍、農畜舍、倉庫、農路及灌溉排水溝等組成。

　　農場員工計有三三六人，內住一五○農戶，人口數約五百餘人。設總經理綜理農場事務，為農場最高領導人，現由尹成沫先生擔任、副總經理由樊世執先生擔任、另外生產技術方面由工程師任青興先生掌管。

　　社區農場內農民使用之設施，包括國民住宅、幼稚園、托兒所、醫療診所等，均由政府投資興建，免費提供社區農場農民住宿及使用。

　　該農場成立之初僅由十五家農戶組成，以生產水稻、玉米為主，土地之耕作完全靠人力、畜力（牛）及小型農具。由於該農場極受金日成主席之重視，經多年經營逐年採購設

施及更新，現已全面機械化，擁有大型機械如曳引機、插秧機及收穫機等，使農場農戶數及員工數，亦增加至目前規模。同時成為開放外賓參觀及安排朝鮮人民參觀學習之模範農場。

另該農場所生產之產品百分之八十分配給該社區一五〇戶之三三六位員工使用；百分之二十交給國家。為期達成預定生產目標，農場生產一切以增產為重點，尚無法顧及農產品之品質，雖然政府有意加以改善，惟為達成政府以增產為優先之目標，農場已無餘力他顧。

一、水　稻

(一)問　題

　　1.目前稻作生產最大問題是天災及化學肥料不足，導致大幅減產。

稻作之減產主因為天然災害，於稻作生育期之 7 月至 8 月間，因連續降雨，陽光不足，9 月間低溫，影響稻作生育，造成減產。

化學肥料廠因為經營不善目前已停工，為免影響稻作肥料供應，希望我國廠商能投資經營，儘早恢復生產。

　　2.請求事項

希望臺灣方面能提供早熟稻種（生育期一一〇至一二〇天左右）以便試種，期能避開雨季及收穫期之低溫。

提供臺灣水稻品種之名稱、特性、適應性等資料供其參考。

(二)建　議

　　1.據該農場稱，該農場稻產量可達每公頃九公噸，較臺

灣之六至七公噸產量高出甚多，且其栽培已機械化，我國能幫忙之處不多。

2. 目前最大問題是天災及化學肥料不足問題。

3. 「順安農場」盼我方提供有關種稻品種之資料及種籽供其試種。此點，我國似可自農業試驗機關蒐集若干優良水稻品種種籽約十至廿五公斤左右，提供該農場試種。

二、玉　米

㈠問　題

1. 玉米栽培尚有蟲害問題，請求提供農藥。

2. 玉米因連續降雨減產，請援助一〇〇〇公噸玉米。

㈡建　議

1. 順安農場之玉米生產情形良好，採用科學院所生產的雜交第一代玉米種籽，產量可達每公頃十公噸，較臺灣的五至六公噸為高，玉米栽培亦頗為現代化，我國能給予技術協助之空間不大。

2. 農藥進口，涉及諸多農藥管理問題，與提供技術協助相關性較低，建議緩議。

三、果　樹

㈠問　題

1. 果樹生產以供應社區需求，以增產為重要目標，尚不重視品質。

2. 果品採收後，直接裝於木箱，放入地窖中儲藏，未作任何採收後處理。

3.尚未提出任何請求。

(二)建　議

1.果樹生產以供應社區需求，追求高產量，不重視品質，尚無改進空間。

2.果實採收後，指導簡易採收處理技術，將可增加產品儲藏及櫥架壽命。

四、蔬　菜

(一)問　題

1.夏季之 8 至 9 月，因溫度高（攝氏廿五至卅度），雨量多（豪雨），葉菜類生產不足，請求協助該期間蔬菜生產。另擬於該季節生產菠菜，請提供技術。

2.目前蔬菜生產，均以露地生產為之，在高緯度地區因有長期低溫季節，菠菜生產，宜以設施栽培為主，惟因該農場限於經費，尚無該項設施，週年生產菠菜尚有困難。

(二)建　議

1.以輔導夏季(8 至 9 月)生產葉菜類為主，以解決高溫、多雨季節蔬菜生產不足問題，建議改種植耐高溫多濕之蔬菜如空心菜、葉用甘藷及莧菜等，考察團已同意提供空心菜種籽十公斤、葉用甘藷種薯五十公斤及莧菜種籽一公斤。

2.如擬於該季節生產菠菜，建議改用其他品種如臺灣慣用蔬菜品種（當地使用極耐低溫品種），栽培期間覆蓋綠色塑膠網。

3.另夏季期間亦可考慮輔導種植耐高溫多濕之豇豆，以

改善當地農民營養。

　　4.因蔬菜生產以供應社區農場為主，可參考 Home Garden 模式栽培蔬菜，於住家附近開闢蔬菜園，輔導輪作栽培，將可滿足社區農場蔬菜之需求。

　　5.培育專業蔬菜栽培人員，並不斷吸收新知。

五、菇類栽培

(一)問　題

　　1.栽培介質主要為玉米稈碎片，其他成分不詳，據推測如予改良，產量應可大幅提高。

　　2.盛裝介質容器為玻璃瓶，其缺點為操作過程中易破碎損失。

(二)建　議

　　1.可進行菇類栽培介質改進試驗，介質材料以朝鮮方面容易取得為原則。

　　2.容器部分，朝鮮要求我方提供塑膠瓶，我方認為塑膠瓶為我方因應作業自動化所需而設計，所費不貲，且不見得適合朝鮮所需，建議朝鮮可用便宜之太空包方式。

　　3.可開發其他種菇類，例如：金針菇、洋菇等。

六、畜禽品（雞、豬、鴨）

(一)問　題

　　1.畜禽品種性能欠佳，飼料效率及隻日增重皆差。

　　2.飼料來源短缺，且不穩定，更談不上品質。

　　3.無法顧及營養需要量，飼養標準，當然未有平衡日糧。

4.飼料以手工混合，均質性不良，餵飼質與量均堪虞。

5.蛋鴨分欄群，平飼，生產效率、蛋損率與品質皆有問題。

6.雞舍談不上通風設備，舍內空氣品質不良。

7.豬分娩、保育舍之設施、設備簡陋，缺乏防護欄及保溫設備。

8.缺乏合理之生產流程、生產記錄及系統管理。

9.生產資材缺乏，一般飼養管理、衛生管理均不理想。

㈡建　議

1.建立國家種畜禽供應及品種性能改進體系。

2.適度引進優良畜禽以改良性能。

3.建立飼養標準、可替代配方，並穩定營養供應。

4.日糧餵飼量應精確控制，及依生產性能合理供料。

5.適度改善設施、設備，重視通風及環境。

6.規畫合理生產流程、管理紀錄及建立生產效率概念。

7.建立品管及生產目標之概念與制度。

8.重視人才培育，汲取新知識與技術。

9.適度給予物質及生產資材支援。

朝鮮方面對我團專家之博學與見解表示衷心敬佩外，對我團之指導與建議亦表示願意接受，同時並提出清單乙份，盼我給予援助。

除此之外，朝鮮方面並建議我方邀請渠等於明 (1997) 年組團訪華，俾瞭解我國農、畜產業之發展狀況，其後再邀請我方於明年上半年組團前往朝鮮訪問，以便進一步建立交流

及互信關係，進而鞏固睦誼基礎，我團表示願將朝鮮所提建議呈報政府。

　　考察活動結束後，朝鮮方面曾要求與我團就雙方達成之共識簽署「合議書」，但最後由於朝鮮方面建議我團使用「臺灣」，而我團堅持使用「中華民國」，雙方立場不同而未能簽署。

肆、研析意見與建議事項

　　謹查我農業專家代表團在平壤「順安農場」經一週實地考察，在雙方坦誠溝通，建立加強合作共識下，圓滿達成考察目的。

　　我團此次赴平壤考察，受到朝鮮政務院高度重視與歡迎，除接受我團以正式職銜往訪，給予我團落地簽證禮遇，及派數名人員包括傳譯一人隨團接待照料外，並提供四輛賓士轎車供我使用。我團亦於行前在國內準備三盒特級國產水果於抵平壤後交政務院官員轉呈金正日，以宣揚我國農業改良成果，並對其重視農業改良及邀請我政府派團往訪表達敬意與謝意。

　　朝鮮名義上雖係「平壤商社」與「順安農場」接待，但實則係由朝鮮政務院安排對我接待事宜。據政務院官員向我團表示：「以往朝鮮與我國並無接觸與往來」，人民互不瞭解，經過此次雙方溝通，讓渠等瞭解我國農產及畜業發展概況，及感受到來自中華民國之友誼與關懷，殊堪珍惜，亦亟盼我國基於建立睦誼及著眼於長遠關係之發展，給予技術援助，

而渠等亦有信心於獲得上述援助後，在適當時期內恢復正常運作，達到預定目標後，並逐步建立雙方關係等語。

鑑於我團專家認為，「順安農場」之設施、管理及技術等均有頗大改善空間，倘我提供適當援助，在可預見之將來，即可獲得顯著成效，對改善朝鮮農業技術以及提高我國際聲望，增進彼此友好關係均將有所裨益。基此，謹建議政府基於外交利益考量，似可按下列步驟優予考慮提供朝鮮援助：

第一階段：提供「順安農場」所需各類蔬菜、水稻、玉米種籽及雞、鴨等種蛋與農業改良有直接關聯且急切需要之物資。

第二階段：邀請朝鮮方面組團於明 (1997) 年初來華訪問，考察我國農業發展現況，並提供「順安農場」所需之注射器、農業噴射器等設備。

第三階段：視雙方關係發展及交流情形，提供「順安農場」飼料貨車及燃料油等物品，並由我土改所代訓朝鮮學員。另由我政府再組團於明 (1997) 年上半年訪問朝鮮，並與朝鮮官方簽署農業相關合作協定。

第四階段：派農業專家或農技團駐朝鮮工作。

本團自組團至圓滿達成任務返國，對於外交部、行政院農業委員會、臺灣省畜產試驗所、海外技術合作委員會以及監察院等有關單位給予之期勉與協助表示誠摯之謝意。

惟 12 月 2 日我團返國時在平壤搭乘之高麗航空公司班機在中國大陸東北上空發生故障，飛行三個小時後，被迫返

航，於平壤機場二次嘗試降落均不得要領，只得在山區將飛
機油料放掉後，第三次試降時方得以安然降落，整個過程有
驚無險，經改搭其他班機後，於同日夜 10 時 30 分始抵達中
正機場。

伍、其他事項

一、我團於平壤訪問期間，朝鮮最高經濟決策機構「最
高人民會議經濟審議委員會」附設之「國際產業開發會社」
總社長裴錫俊暨顧問韓裕魯曾邀請團長林委員秋山多次會
談，就我國與朝鮮經濟交流與合作問題交換意見，該委員會
委員長尹基輔並設宴款待。謹按國際產業開發會社係在朝鮮
最高經濟決策機構「最高人民會議經濟審議委員會」係應我
方要求下，為推動與無邦交國家之經貿關係，設立民間機構
「國際產業開發會社」，以替代權勢薄弱、無法發揮功能之「對
外經濟協力促進委員會」。朝鮮為與我國聯繫而設此民間機
構，足見該國當局對我國之重視。

韓裕魯顧問表示，朝鮮希望先透過我國廠商赴朝鮮投資
並設立分公司，待雙方經貿關係加強後，再逐步發展官方關
係。尹基輔委員長亦表示，只要經貿交流發展順利，必有助
於雙方互設經貿辦事處或代表機構。林秋山委員則表示：我
國公民營廠商前往投資前，朝鮮政府應先邀請我政府經貿高
層官員往訪，以實地瞭解朝鮮各項發展狀況，並就簽署投資
保障協定以及互免雙重課稅協定等問題進行磋商，俟有結果，

我方廠商才可作正式及較具規模之投資，不然均屬空談。至於互訪案，朝鮮經貿官員來訪後再邀我方高層往訪亦可。韓顧問答稱，渠等同意林委員意見，渠等亦認為此事時機成熟，已達報請最高領導人裁示之時刻。

二、朝鮮國際自主和平財團理事長黃長燁曾三次電邀林委員秋山赴平壤或北京或曼谷見面，就兩國學術文化交流事交換意見。此次林委員藉率農業專家考察團在平壤訪問期間約其晤談，適理事長赴中國大陸，乃與秘書長方剛壽見面後，商定於明 (1997) 年 3 月底或 4 月初，利用春假期間先以我國留韓同學為主，組團赴平壤作為期一週之學術研討及參觀訪問活動。對方允諾負擔我團在朝鮮之膳宿交通等費用。

三、我農業專家考察團結束考察行程，在回程高麗航空公司班機上巧遇朝鮮政務院民航總局對外事業部部長桂一南先生，渠對我國派農業專家團赴平壤考察，提供友誼協助表示感謝，繼稱朝鮮已向國際民航組織報備開放領空，供各國民航客機飛行，朝鮮亦已要求南韓比照開放。桂氏表示：渠希望我國與南韓舉行航權諮商會談時亦請注意該項問題，俾使我國成為飛行臺北、漢城、平壤間航線之第一個國家，同時亦可考慮從平壤再延伸飛往俄羅斯、日本或其他國家。另渠亦希望我國與平壤間能早日達成通航。

陸、結　語

綜上所述，顯見朝鮮政府相當重視與我國發展各項關係。

最近朝鮮駐新加坡大使館亦改變以往作法，直接將簽證加蓋於我國護照上，顯示對我國護照已予承認。朝鮮國際旅行社也已申請在華設立代表人，並以該代表人名義簽發赴朝鮮觀光證，形同辦理簽證。在朝鮮對我國展示友好，企盼與我國發展關係之際，我政府倘由各部會組成一專案小組，統籌處理我國與朝鮮關係業務，研議雙方互設代表機構及現階段交涉在朝鮮辦理簽證事宜，以便利我國商業機構或廠商在朝鮮設立分支機構。倘若雙方能擴大通商並達成通航，帶動觀光事業之發展，加強雙方經貿合作交流，對於兩國建立政府層次之關係，必有正面意義。

第二節　朝鮮擬設在臺辦事處

我國農業專家朝鮮考察團一行自平壤返國後，個人於1997年元月6日前往拜訪外交部章孝嚴部長，就考察團考察心得及朝鮮擬來臺設立辦事處一事交換意見。章部長表示，只要具有領事事務功能，辦事處名稱及規模都好商量，必要時還可提供一部分在天母興建的使館特區辦公大樓作為其辦事處所。

元月16日邀朝鮮國際產業株式會社社長韓裕魯一行來訪，談農藥及肥料廠商前往投資合作生產問題。翌日朝鮮駐星泰代表金龍文來訪，就經貿之合作交流與在臺設代表處相關事宜交換意見。同月28日高麗民航臺灣區代表楊智芳來訪，就發展兩國觀光旅遊事宜交換意見。

　　1997 年 2 月 5 日朝鮮國際自主和平財團理事長黃長燁來電，邀請早日組成學術參訪團前往平壤參觀訪問，經答覆擬先以前往漢城留學返國，研究韓國問題之較年輕學者為對象組團前往訪問，並建議就留學生交換與體育、文化、藝術團體之交流作較具體之意見交換。3 月 7 日朝鮮對外經濟協力促進委員會駐星泰代表金龍文再度來訪，就共同關心問題作更進一步的討論。

朝鮮傳統舞蹈牧羊人和少女，展現少女美妙的舞姿

第九章　朝鮮提議我國投資案分析

第一節　十四項計畫內容

　　關於前章提到 1996 年元月下旬個人受邀赴平壤訪問時，朝鮮當局所提出希望我國前往投資該國十四項計畫、總經費約 26 億美元一事，經個人建議，經濟部楊世緘次長率同相關人員前往作實地參訪、考察、會商。1997 年 3 月，經濟部擬具我國協助方案，將朝鮮所提投資計畫案區分為一般商業性投資（包括高 105 層之柳京大飯店及玻璃工廠）、基礎建設投資（包括機場、港口碼頭、道路、電廠、供水與排水、鐵路、通信）及工業區投資三類，分別提出回應。

　　朝鮮方面所提出希望我國前往投資之十四項計畫內容，各項目名稱及投資金額如下：

1. 柳京大飯店：總建築面積 537,000 平方公尺，地上 101 層，地下 4 層，投資額 3 億 1,850 萬美元，占 49%。

2. 浮法生產玻璃工廠：生產能力每日 400 噸，每年 120,000 噸，投資額 7,000～8,000 萬美元。

3. 先鋒工業區機場：用地面積 300 公頃，跑道 4,000×60 平方公尺，滑走道 4,000×45 平方公尺，旅客大廳 15,000 平方公尺，貨運廳 3,000 平方公尺，客運每日 3,000～6,000

名，降落飛機約 10 架，貨運量每年 7～8 萬噸，投資額 19,600 萬美元。

4. 羅津港 4 號碼頭：貨運能力每年 560 萬噸，船隻靠岸能力 5 萬噸級 3 艘，2 萬噸級 1 艘，碼頭沿長 1,050 公尺，護岸沿長 160 公尺，貨櫃起重機線路 510 公尺，岸壁起重機線路 430 公尺，投資額 15,432 萬美元。

5. 羅津港 5 號碼頭：(以下工程內容省略) 投資額 12,000 萬美元。

6. 羅津、先鋒地區道路網：

　　羅津・圖們江高速公路：投資額 17,634 萬美元。

　　羅津・清津高速公路：投資額 26,569 萬美元。

　　羅津・新星——南陽高速公路：投資額 28,496 萬美元。

　　羅津・遠征公路改造工程：投資額 553 萬美元。

　　觀光道路：投資額 250 萬美元。

7. 先鋒火力發電廠：投資額 2 億美元。

8. 給水、排水、水源工程：投資額 7,133 萬美元。

9. 鐵路建設：投資額 10,068 萬美元。

10. 通信工程：投資額 15,810 萬美元。

11. 清津、漁浪連結公路：投資額 830 萬美元。

12. 漁浪機場工程：投資額 885 萬美元。

13. 新興工業區。

14. 白鶴工業區。

位於平壤的柳京大飯店，樓高 330 公尺，共 105 層，1987 年由朝鮮與法國合作興建。因地下崩塌與資金困難曾一度停工，預計 2012 年可完工啟用
(Reuters)

第二節　我國擬具協助朝鮮方案

　　經濟部初步審閱十五項計畫內容後，鑒於我國海外經濟發展基金管理委員會目前基金有限，為發揮以對外援助帶動我國與朝鮮雙邊經貿合作關係之效果，對朝鮮之貸款援助擬限於工業區之開發一項，其餘商業投資或基礎建設計畫（包括機場、港口碼頭、道路、電廠、供水與排水、鐵路、通信）則擬提供技術協助方式，依據 1996 年 3 月 12 日經濟部致外交部函附海外經濟發展基金管理委員會所擬各項協助方案如下：

㈠工業區開發貸款計畫：

　　1.進行方式：擬比照該會推動中之越南河內工業區貸款計畫模式協助朝鮮開發工業區，亦即集結我國有意前往投資之廠商合組工業區開發公司，該會則配合提供短期融資予該合資公司開發工業區。

　　2.對朝鮮之效益：朝鮮可藉此吸引我國廠商前往投資，透過產業關聯效果，將有效帶動朝鮮當地周邊產業發展，以及與我國間之雙邊經貿關係。

　　3.對我國之效益：此可輔導我國廠商集體前往朝鮮投資，降低投資風險。

㈡商業投資與基礎建設計畫先期可行性研究：

　　對於朝鮮所提商業性投資計畫及電信、電廠及供水等基礎設施計畫，該會以計畫可行性研究所需成本較高，無法對多項案件均提供協助，擬協助朝鮮進行先期可行性研究。

　　1.進行方式：由該會針對個案聘請專家並籌組研究小組前往朝鮮，就計畫需求、計畫規模、最適技術及財務規劃等進行先期可行性研究。

　　2.對朝鮮之效益：各研究報告可供朝鮮政府進一步尋求私部門投資，或向國際開發機構申請貸款之用。

　　3.對我國之效益：各先期可行性研究報告皆為前往朝鮮投資之商機，可提供予我國商業界研參。

㈢協助中小企業發展：

　　朝鮮雖未請我國協助該國中小企業發展，然而該會當時針對海外中小企業發展之協助，甚受各開發中國家重視，建議朝鮮政府若有意發展該國中小企業，亦可提供協助如下：

　　1.中小企業發展經驗研討會：聘請我國對中小企業發展有實際經驗之專家前往朝鮮舉辦研討會，俾使朝鮮中高階官員瞭解我國經濟發展經驗。

　　2.中小型專家派遣計畫：協助朝鮮政府設立中小企業輔導中心，並對朝鮮現有中小企業提供現場指導。

　　3.創業青年培訓計畫：安排有意創業之朝鮮青年來華進行實務訓練，以協助其回國後創業。

第三節　金正日繼任後的朝鮮情勢

　　1997 年 3 月，個人觀察金正日繼任後之朝鮮全盤情勢，曾撰寫〈北韓情勢與對我國關係之展望〉一文呈報上峰，全文如下：

　　自從朝鮮勞動黨中央委員會書記兼最高人民會議外交委員會委員長黃長燁在北京向南韓領事館投誠，前政務院國務總理姜成山因病離職，人民武力部長崔光病逝，導致權力結構改變後，國際間議論紛紛，認為這是朝鮮內部權力鬥爭，必將影響金正日的掌控與繼位。

　　由於姜成山總理在位已逾四年，且罹患糖尿病，又逢農作物歉收，其去職自為當然之事。崔光病逝，而任用新人，較諸其在世而更換人事，應更自然而無可批評。黃長燁之投誠，雖將使外界多少瞭解朝鮮內幕，給予若干不利影響，但亦正好給金正日徹底檢討國家大政，加速班底汰舊換新，以行新政的機會，亦可視為天賜良機。

　　茲就相關問題說明如下：

(一)關於政權穩定問題：

　　由於地理位置的關係，朝鮮是個極為封閉的國家，其對外接觸很不容易，且因過去數十年，奉行「主體思想」，經貿及國防一直採取自給自足的政策，除中共、蘇聯外，與外國交流不多，國內既不瞭解外界情形，國際間亦不瞭解其內部情形，因此外界對朝鮮的報導頗多誤會、歪曲或抹黑。

　　朝鮮的糧食配給，甲地的糧票到乙地即不能使用；住宅亦免費配給，無遷居之自由；工作經由分配，無選擇權利；通信受到嚴密的控制，其國際電話及傳真號碼一進入境內即無法使用，國家大事及經濟大權分散於黨、政、軍三部門，因此要有反政府組織當非易事。

金正日繼承金日成政權，早在 1972 年即作決定，經過二十餘年的準備、安排及教育，應已就緒。在黨與軍，金正日的地位及權限僅次於金日成，一般政務雖無公開頭銜，但早已交其處理，且朝鮮是以黨領政，以黨領軍的國家，他雖無國家主席之名，但早已有領導人之實，無人可與其競爭，從金日成死後將近三年，尚無繼任者即可證明。

且朝鮮婦女生產逾半年後，必須將子女送往托兒所過團體生活，培養愛國思想，因此擁護領袖、愛國思想極為強烈。1970 年代駐華南韓大使館政治參事李志哲博士於元月底來訪時告稱，元月間一家人向南韓投誠之朝鮮小孩的日記謂：漢城的一切都很好玩，但不能恭聆「親愛的領袖」金正日的教誨感到很難過。可見其愛國心及對領袖之忠誠度。

㈡關於糧食危機問題：

由於金日成在 1991 年新年賀詞，曾說其最大心願是給全體國民一碗白米飯吃、一碗肉湯喝，因此在吃的問題上，量不夠、質不佳，是確實之事，但是否到餓死人之地步，令人懷疑。

據暸解朝鮮每年約需八百五十萬噸糧食供食用、加工及飼料用，而元月底來臺接洽投資肥料生產之最高人民會議經濟政策審議委員會所屬國際產業開發株式會社常任顧問兼團長韓裕魯告稱，朝鮮共有稻田六十萬甲，玉米園七十萬甲，豐收時每甲產量均逾一萬公斤，歉收時，如以三分之一產量計，亦可逾四百餘萬噸，因此其缺糧情形不應如此嚴重，不

無隱瞞實情、欺敵、或用以控制人民之可能。

個人六次訪問朝鮮，均非常注意其糧食問題，但從農工人之步履、一般人民的氣色及小孩遊戲的情形看來，實際缺糧情形與外界報導應有相當差距。

㈢關於饑民的投誠問題：

新聞媒體經常報導朝鮮人民投奔南韓問題，但這是否就影響朝鮮政權的穩定，似不無討論餘地，蓋中國大陸每次數十人偷渡來臺、赴日、美或其他國家的情形屢見不鮮，並沒人說中共政權將崩潰。

且冒生命危險投奔南韓者中，如康明道、金亨德在漢城停留一段時間後，潛逃返回朝鮮之際被逮捕，日前在漢城被槍殺之李韓永，亦有不適應之情形，因此其投誠之動機或目的為何，實有研究必要。

而去 (1996) 年元月到朝鮮時，電視播報南韓民自黨幹部向朝鮮投誠者批評南韓政府之節目，南韓雖謂此人經商失敗而逃往朝鮮避債，焉知朝鮮南逃者中沒有此種人？因此所謂朝鮮饑民南逃問題似不能視為影響政權存亡之因素。

㈣關於列強對朝鮮基本政策：

朝鮮半島自古以來即為周邊國家必爭之地，中日、日俄數度討論分占事宜，二次大戰結束之際，為美、俄所分割，其統一常引起列強之競爭，分裂即相安無事，因此美、日、俄、中之朝鮮半島政策均希望維持其安定，所謂安定即無變化，亦即分裂之現狀，任何促成南、北韓統一之政策必為列強

所不願，因此迫使朝鮮崩潰之政策或作法亦必為列強所反對。

在冷戰時期，中、蘇共與朝鮮三國，美、日與南韓維持對立但均衡的局面，中、蘇共與南韓建交破壞了此一均勢，因此美、日兩國急欲與朝鮮建立關係，以挽回失去平衡的局勢，而朝鮮亦必須藉美、日兩國來牽制南韓，發展國力，在此種情形下，雙方關係之發展自為理所當然。

因此美、日與朝鮮建立正式關係後，俄、中共因與美、日處於競爭狀態，其與南韓的關係應會有所節制，以避免衝突，在目前可能會是變動較大的時期。

㈤關於南、北韓關係的發展：

朝鮮半島的戰略地位及列強對南北韓的關係大致已如上所述，因此，國際間如無重大又突發事故發生，南、北韓之間應會維持分裂的現狀。

同時由於1950年韓戰是在美國撤退駐韓美軍，中共軍席捲中國大陸之際，金日成受到史達林、毛澤東的支持、鼓勵與支援的情形下發生，目前此種情形不再，而朝鮮又因糧食與能源不足，必須仰賴美、日及南韓的援助，發動全面戰爭之可能性微乎其微，金正日如有赤化統一之意，亦應在糧食危機解決、核能電廠啟用後，可能性較大，現在恐怕只好忍氣吞聲，厚積國力。

因此今後數年內，南北韓即使有偶發的衝突事件，應不致發生全面性的戰爭，甚至應該會逐步展開交流合作。

㈥朝鮮與我國關係之發展:

　　朝鮮與我國雖有五十年間敵對而無接觸,但這並非雙方直接的厲害衝突,實因雙方與南韓和中共的關係所造成,中、蘇共與南韓建交,海峽兩岸交流後應影響此種情形之改變。

　　自從中共與南韓建交後,朝鮮對中共與南韓均不予諒解與信任,且恨之入骨,與我國有同受欺壓、背信之感,因此在對中共、南韓關係之立場上漸趨接近。且因對美國有韓戰之恨,對日本有殖民統治之怨,對中、俄共均有背信感,且因中、俄共均自顧不暇,已無力如往昔支援朝鮮,對南韓有存亡之爭,因此唯有我國有給予協助之能力,又無後顧之憂。

　　朝鮮對我國開放觀光,參加瓊斯盃籃球賽,投誠前之黃長燁數度電邀個人往訪,商談文化交流事宜,及其他經貿合作交流之協商均可為證明。

㈦結語:

　　無論南韓或國際輿論,對金正日掌控朝鮮雖感到疑慮,個人認為應無問題,且認為從他處理潛艇南侵及黃長燁投誠事件的態度看來,繼位後應會做更大的開放與改革。在對我國關係上,如果我國能酌作投資或協助,而政府願意,在一年內應可互設代表處或具有領事功能之經貿文化辦事處。朝鮮對外經濟協力促進委員會駐東南亞代表金龍文元月間來訪時便說,如果我國可提供二億美元之貸款,由其中央銀行作保,按倫敦國際行情計息,他保證可互設經貿文化代表處,韓裕魯團長亦表示簽訂投資保障及免雙重課稅等協定的時候

已經到來。

1997 年間，依去年我國農業專家朝鮮考察團在平壤參訪期間所作承諾，邀請朝鮮「平壤商社」顧問申東植率農、畜產業有關人士一行五人代表政府，於 7 月 14 日至 21 日來華作七夜八天之參觀訪問，以增進渠等對我國農、畜產業發展實況之瞭解。行政院農業委員會協助安排代表團參觀我國蔬菜、水果、水稻種植及生產情形，並前往臺灣省畜產試驗所等處參觀我國畜產養殖推廣及發展狀況，均留下深刻印象。代表團名單如下：

團　　長	申東植	朝鮮平壤商社顧問
團　　員	尹成秀	順安農場總經理
	文賢必	朝鮮平壤商社課長
	李勛龍	朝鮮平壤商社指導員
	朱青欽	順安農場指導員

1997 年 7 月 1 日個人應朝鮮友人之建議，致函金正日將軍，由朝鮮友人轉呈，表示願意促成： 1.我國協助朝鮮農業改良及養殖業發展；2.我國開放每年三萬名觀光客前往旅遊；3.臺灣工商企業家前往投資，發展雙方經貿關係，建請朝鮮設立臺灣工業區。同年 10 月金正日就任朝鮮勞動黨總秘書，個人再致函申致賀忱，略以：「欣逢　閣下就任朝鮮勞動黨總秘書，特申賀忱，敬祝　閣下萬壽無疆，貴黨發展無窮。本人深願在　閣下領導朝鮮勞動黨下，貢獻心力，努力促進雙方之理解與交流，請賜指導。最後再祝　閣下福壽康泰。」

　　在金正日就任朝鮮勞動黨總秘書之際，個人曾就朝鮮勞動黨之特色及金正日如何領導朝鮮勞動黨介紹發表於《中國時報》，特摘錄如下[1]：

　　金日成的接班人、其子金正日將於 1995 年 10 月 10 日朝鮮勞動黨創黨五十週年的慶祝大會上，宣布就任該黨「總秘書」，接替自從去年 7 月金日成急遽逝世後虛懸迄今的職務，逐步完成接班的程序，採購用品、禁止外人入境等準備工作，正積極準備中。

　　外人可能想不通，金正日先接任的職位何以不是「國家主席」而是黨的總秘書呢？這可能是因為朝鮮是由勞動黨一黨專政，以黨領政、以黨領軍的國家，黨扮演主導的角色，其重要性並不亞於國家主席所致。

　　朝鮮勞動黨源自 1945 年 10 月 10 至 13 日在平壤舉行「朝鮮共產主義西北五道（省）黨責任者暨熱誠者大會」，決議成立「朝鮮共產黨北朝鮮分局」，是為朝鮮勞動黨的母體，五十週年慶的由來在此，當時只有黨員四千五百名。翌年改名北朝鮮勞動黨，1948 年建立「朝鮮民主主義人民共和國」政權後，乃與南韓勞動黨成立聯合中央委員會，後鑒於一國一共黨的原則，而於 1949 年 6 月正式統合為今之朝鮮勞動黨，目前約有黨員三百餘萬人。

　　依據黨章所示，該黨在性質上屬於主體型之革命性馬列主義政黨，溯自 1926 年初次以共產主義的革命組織，結合成

1 〈金正日將領導朝鮮勞動黨〉，《中國時報》，臺北，1995 年 10 月 5 日，版 11。

打倒帝國主義同盟，經過長期的抗日革命鬥爭，為創黨奠定了組織與思想的基礎，以金日成之主體思想與革命思想為唯一指導，是代表朝鮮民族與朝鮮人民利益之全體勞動大眾組織中最高型態的革命組織。

所謂主體思想，是金日成於 1955 年首次提出「主體」一詞後逐漸形成的一種思想，1970 年代開始大為宣揚，成為朝鮮最基本的政治理念和最高指導原則，其意指思想的主體性、經濟自立、政治自主和軍事的自衛而言。

朝鮮勞動黨依據民主集中制的原則，設立各級組織，由下級組織選舉產生上級組織，上級組織領導和監督下級組織。設全黨代表大會為黨最高權力機關，選舉和監督中央委員會與中央檢查委員會，制訂或修訂黨綱和黨章，決定黨的基本政策和方針。

中央委員會代表全黨代表大會，選舉政治局委員與常務委員、書記與總書記、中央檢閱委員會委員，決定書記局與中央軍事委員會之組織。政治局為黨決策中樞，有委員十四名，又設常務委員會，由金日成、金正日及人民武力部長吳振宇等三人擔任，金日成及吳振宇均已死亡，金正日早已掌控一切。書記局負責決定黨幹部與黨務之實際工作，指揮監督黨中央之各專責機構，包含金正日在內，有書記十一名，為以黨領政的最高執行機關。

軍事委員會隸屬中央委員會，負責決定黨的軍事政策，促進包含人民軍、後備兵在內之總體武力，以及軍需產業之

發展，並指揮國家軍隊。委員長原由金日成擔任，另有包含金正日在內之委員十五名，是執行黨指揮槍桿的權力機構。

金正日既擁有這些職位，與實際掌握黨、政、軍之大權無異，無需汲汲於形式上的接班道理在此，其所以先接黨之總秘書的道理亦在此。另有檢閱委員會與中央檢查委員會，前者主要權責在審議、處理反黨、反革命、違反黨規之行為，以維護黨的紀律；後者則監察黨的財務和會計。

朝鮮勞動黨不但反對資本主義思想，也反對在國際共產主義運動與勞動階級中出現之修正主義或教條主義，並為固守馬列主義的純潔性而堅決鬥爭，可能是共產黨中現今碩果僅存之純種共產黨了。其當前目標在使三十八度線以北地區獲致社會主義的完全勝利，並完成全民族的解放與人民民主主義的革命課題，最終目的則在使全社會主體思想化與建設共產主義社會。

這個政黨在金日成的領導下度過了艱苦的半世紀，現在已由金正日掌握一切，由於共產黨的魅力日益褪色，其可資結合之社會主義國家亦紛紛改弦易轍，金正日在此時登場，理應有新的作法，其作為如何，我們只有拭目以待。

第十章　我國援助順安農場成果

第一節　第二次中華民國農業專家朝鮮考察團

　　朝鮮「平壤商社」顧問申東植一行於 1997 年 7 月返回平壤後，仍繼續與我方保持聯繫，並建請我國政府繼續援助北韓全國性示範農場「順安農場」之各種器材與設施，要求免費提供 25 棟溫室及飼料混合機等相關設備。經外交部審慎評估後，認為這項援助對提升朝鮮農畜產業將有很大幫助，乃予以同意，並請行政院農業委員會及臺灣省畜產試驗所各指派專家及相關技術人員共 14 名，再次組成「中華民國農業專家朝鮮考察團」，邀個人擔任團長，率團於 11 月 28 日至 12 月 4 日前往平壤訪問，協助「順安農場」建立溫室，說明各種器材之使用方法等。

第二節　成果報告

　　此次〈我政府援助北韓全國示範性農場「順安農場」農畜業設施訪問團成果報告〉，包括組團經過、訪問情形，我方專家心得報告與建議事項、援助之成效、結語等各項說明如下：

壹、組團經過

一、本案經外交部評估決定續予辦理後,外交部即於八十六年九月間函請行政院農業委員會、中央信託局及臺灣省政府農林廳以及臺灣省畜產試驗所等單位推薦農畜專家組團,並代為購買溫室設備等有關援助器材,各單位除欣然同意配合辦理外,臺灣省畜產試驗所並同意配合外交政策免費提供臺灣土雞及絲羽烏骨雞種蛋計八百個贈送朝鮮「順安農場」;另北吉貿易有限公司等國內廠商亦願參與並提供相關技術人員隨團前往,在政府及民間齊心參與下順利組成「中華民國農業專家朝鮮考察團」。團員名單及援助物品清單如下:

二、我考察團名單及援助物品

㈠團員名單

團　　　長	林秋山	監察院外交委員會召集委員
團　　　員	吳明哲	行政院農業委員會技正
	潘金木	臺灣省畜產試驗所宜蘭分所 副研究員兼系主任
	黃政齊	臺灣省畜產試驗所恆春分所 副研究員兼系主任
	謝永敏	臺灣省畜產試驗所約聘技師
	卜昭麒	外交部專員
技術人員	洪崇裕	農業穴盤育苗專家
	魏永芳	畜產人工授精專家
	邱德旺	農業機械專家
	陳禎福	農業機械專家

黃堂喜	飼料加工設備專家
黃再發	飼料加工設備專家
林能助	溫室建築專家
謝國裕	溫室建築專家

(二)援助物品（除種蛋及二十隻種羊因安全考量隨團空運
外，其餘所有物資均另以海運運達）

1.溫室部分：

加強型塑膠生產溫室：總數二十一棟

加強型塑膠育苗溫室：總數四棟

2.穴盤用種子

3.各種農藥

4.手動播種機

5.標準穴盤

6.穴盤育苗介質（土壤）

7.穴盤育苗肥料

8.肥料注入機

9. PH Meter（各一臺）

10.穴盤育苗特種噴射裝置

11.動力噴霧機（一組及全部零件）

12.塑膠溫室內用小型機械車（二輛）

13.水稻收割機（二輛）

14.農業用塑膠布

15.粉末飼料加工設備

16. 自動孵化機一組

17. 飼料：五○○噸

18. 種羊：

　白色 Saanen 乳羊　母系：八隻，公系：二隻

　深褐色 Alpine 乳羊　母系：八隻，公系：二隻

19. 種蛋（種卵）：

　臺灣土雞二元種雞　公系：二○○個，母系：四○○個

　絲羽烏骨雞　二○○個

20. 雞籠：六個（每個可容納五至六隻雞）附帶設備：水槽及飼料槽

貳、訪問經過

一、我訪問團一行十四人（含設備技術人員）於八十六年十一月二十八日自臺北經澳門轉搭高麗航空公司班機於晚間十一時左右抵達平壤後，朝鮮方面援例取得我團之同意，先帶我團至平壤市區萬壽山廣場前之金日成銅像獻花致敬。另我團以代表團名義透過朝鮮接待單位贈送朝鮮「偉大指導者」金正日將軍（係朝鮮人民之習稱）國產水果三箱，以示我方友誼，嗣金正日親自派員傳話，對我團之贈禮表示感謝之意。

二、我團一行十四人為表達我國政府及人民熱心協助朝鮮改善農業之盛意，乃自抵達朝鮮之翌（二十九）日起至返國前之十二月三日下午止，均在「順安農場」分組進行各項

設施之架設、機械之測試、以及使用講解與技術交流工作，使援助工作在有限之短時間內，不但如期完成，並達到最好效果。

　　三、林團長秋山於十一月二十九日在順安農場舉行之贈送儀式中致辭表示：中華民國政府及人民甚為重視與朝鮮民主主義人民共和國政府及人民建立友誼；我國政府及人民亦願協助朝鮮民主主義人民共和國改良及發展農業；此次我國政府及人民贈送朝鮮上述龐大之援助物品，即係代表我國政府及人民對朝鮮民主主義人民共和國之友誼，亦係代表我國政府及人民對朝鮮政府及人民在偉大領導者金正日將軍領導下致力發展農業之支持與敬意，希望朝鮮民主主義人民共和國在與我國政府及人民之合作與協助下，早日達成農業現代化及自給自足目標。

　　四、申東植顧問致辭時表示：「順安農場」已如數收到我國政府及人民所贈送之上述各項援助物品；朝鮮人民對我人民之上述援助至表感謝；順安農場亦不會辜負我國人民之協助與期許，必將戮力以赴，在不久之將來使改良有成並加以推廣，以期早日達成農業現代化及自給自足之目標；希望我國今後在朝鮮發展上續給予支持等語。

　　五、為爭取時效，我團在「順安農場」分為：1.搭建溫室設備及示範；2.搭建簡易飼料加工設備及測試說明；3.孵卵機測試及性能說明；4.割稻機試車及性能說明；5.種羊人工繁殖示範及更新禽、畜設施研討等五個小組分工合作。

六、朝鮮方面亦給予充分之人力及物力配合，使得我團在六夜七天，氣溫僅零下十五、六度之艱困環境下，如期完成所有設施之搭建、測試、講解及技術移轉等任務。在我團十二月三日返國前夕，將所有設施及器材，在雙方相關人員觀禮下，由團長分項代表我方交予對方，成功搭建了與朝鮮之友誼橋樑。朝鮮人員對我團全體團員不眠不休，不畏嚴寒，熱心誠懇，如期完成援助工作之態度至為感動，而我團對朝鮮工作人員勤苦耐勞，熱忱學習之精神則予高度評價。

參、我方專家心得報告與建議事項

一、協助朝鮮改良溫室設備：(行政院農業委員會吳技正明哲)

(一)我政府援助之溫室計為二十五棟，其中四棟為育苗溫室，二十一棟為蔬菜生產用溫室。對朝鮮冬長嚴寒，夏短多雨之氣候特性，具有明顯改善作物之功用。利用溫室，除在每年七、八月雨季期間可種植不耐淹水之蔬菜種類，以充分達成防雨之作用外，在冬季則有保溫作用；每年十月至翌年四月，平壤氣溫甚低，大部分作物均無法栽培，利用溫室，作物之生長季可前後延伸，預計可達成四月至十月，將原有之生長季整整延長兩個月的效果。

(二)另如在溫室內，利用防寒塑膠布搭建高度約六〇公分之隧道式設施，形成溫室中的溫室，此種隧道式設施內之栽培，必定可以進一步延長作物在平壤地區之生長期。另利用溫室，亦可使朝鮮水稻育苗及收穫期縮短二十餘天。

㈢惟溫室蓋好後，四周應挖掘大排水溝，溫室與溫室之間亦應挖掘排水溝，以防七、八月間豪雨之淹水問題，已與「順安農場」方面充分溝通，並已獲渠等瞭解其重要性。

二、家禽與飼料：（臺灣省畜產試驗所謝技師永敏）

㈠朝鮮禽畜養育現況及我國協助發展之前景

　　1.朝鮮氣候寒冷，地力貧瘠，冬天休耕時間長，七月又逢雨季，畜牧發展以山、乳羊為主，土雞、白肉雞、鵝、鴨、鵪鶉、蛋雞等為輔。白色肉豬因以玉米穗稈混碎加水發酵，並加少許豆餅，因無法添加維生素、礦物質及補充飼料中不足之必需胺基酸，加以品種無改良，故成長十分緩慢，一般須十個月才能上市屠宰（臺灣為五個月即可上市），且母豬生育率每胎只有三隻（臺灣平均為七至十隻）。豬因單味原料缺乏，政策上已放棄養豬。

　　2.此次我政府提供五種飼料共計五百公噸，可使用一段時間，在朝鮮寒冷氣溫下四個月內不致發霉（在臺灣則一個月即發霉）。以我政府贈予「順安農場」之菜鴨及北京鴨為例，菜鴨一三〇隻原生產比率為百分之三十，該農場即認為很理想，且使用上述我政府贈送之飼料餵養效果將更良好，另我政府贈送之第一代菜鴨由於自熱帶住進寒帶，短期內雖會比較不適應，但自第二代以後則會適應。菜鴨在零下二度產蛋率尚不會下降，係甚佳產蛋品種；而北京鴨係北方品種，故甚能適應朝鮮當地水土。

　　3.我政府此次提供之孵卵機每批可孵化二萬七千個蛋，

朝鮮方面預計在三年後將「順安農場」發展為推廣繁殖、人工授精、種畜保育、技術人員訓練及雛鴨、雛鵝、雛鵪鶉等之供應中心。

4.另朝鮮因電力不足，此次贈予一部二十二瓩柴油引擎發電機，以防止因電力不足停電時，造成孵化中止。混合飼料機組贈予三套，我國代表團在朝鮮時已裝妥二套，另一套由順安農場自行安裝。每部飼料混碎機為二十馬力，混合機為十五馬力，每次可生產一公噸，三部機組之使用年限可達八至十年，對順安農場未來擴大發展禽、畜業將極有助益。

㈡檢討與建議

1.朝鮮大部分是副業養牛，一般農戶雖亦有養牛者，但為數甚少，而集體農場（專業區）則養牛頭數較多，有每戶平均養一百多頭者，惟草料在冬季甚為缺乏。

2.朝鮮之飼料工業甚不發達，單味原料除少數之玉米及大豆粕，其他飼料原料如魚粉、乳粉、麩皮、米糠、糖蜜、磷酸氫鈣、維生素、礦物質及飼料添加物等皆很缺乏，加諸配方人員及其經驗缺乏，以後須再派員協助訓練及傳授經驗。

3.另朝鮮化學肥料及有機堆肥產量不足，加以土壤肥力不足，溫室蔬菜、水稻及雜糧生產均須大量之肥料，惟倘利用稻草、蔬菜及雜糧等廢棄物或禽、畜糞尿加複合微生物肥力促進劑，調整水分含量到百分之四十五至五十，經發酵四十天到六十天後即成佳質堆肥，使用後可使蔬菜、稻穀及雜糧等產量大幅提升，連帶亦有甚多農作物副產品可供飼養禽、

畜之用。故利用細菌加些糖分混合稻草及禽、畜糞尿廢棄物生產堆肥，將係我國政府提供朝鮮自行生產肥料技術，協助朝鮮今後發展農、畜產業最具關鍵性建言。

我方提供朝鮮之有機堆肥製造方法如下：

1.一公噸草料加六公斤菌母糖液，再將水分調整至百分之四十五至百分之五十，並充分混合。每七至十天翻動一次。經四十天發酵後即成堆肥。

2.菌母糖液製造方法：半公斤新肥料精加半公斤好收成讚加糖水五公斤（糖：水 = 1：5）。

3.有機堆肥原料除草料外，尚可加禽、畜糞尿，碳氮比(C/N) 為二十至三十。

三、協助朝鮮優良種羊之繁殖：（臺灣省畜產試驗所恆春分所黃主任政齊）

(一)朝鮮養羊現況及我國協助其發展育羊事業之步驟

1.「順安農場」發展養羊事業之背景

朝鮮羊隻總頭數及其分布情形，因無法取得統計資料並不暸解。但全國羊隻繁殖體系則係在中央設有原種場作育種工作，各地區設有繁殖場，進行與當地羊隻之雜交工作，並供應轄區內集體農場所需之種羊，均為乳肉兼用目的。我團在平壤所見之少數羊隻外觀均為白色，體型中等，雖稱為在來種，但推測可能多少存有「撒能」乳羊或「安哥拉」毛用山羊之血統。

朝鮮除了部分集體農場飼養山羊外，亦允許農民在住家

周圍以副業方式飼養二至三頭。據朝方指稱，平壤地區並無養羊之農場，其中畜產業務除雞、鴨、鵝及鵪鶉等禽類外，以往多以養豬業為主，但由於豬為單胃動物，需仰賴大量雜糧飼料方可有效率的生產，因此在朝鮮普遍缺糧之情況下，最高當局爰指示改以發展反芻動物為主。其中尤以羊隻體型較小，飼養規模彈性較大，生產效率及產值高，且兼具乳、肉兩用之途，無論在集體農場生產或農民副業飼養均十分適合，據瞭解「順安農場」對我國政府此次贈送之種羊十分重視與珍惜，殷盼經由我方之協助，短期內可快速改良附近農民之羊隻，長期則可建立成為全國最優良之乳羊場及種羊供應場，並逐步將優良乳羊遺傳擴及全國。

2. 協助初抵羊隻之環境適應

我國政府贈送之二十隻優良種羊裝載飛機空運前為避免長途運輸及兩地溫差對羊隻造成之影響，每頭羊均予注射長效性抗生素。由於羊隻運輸期間長達三日，因此羊隻抵達後即交予朝方電解質與維他命粉劑溶入飲水中先令羊隻飲用，並逐漸恢復供應我方隨機運送之乾草與精料。再逐漸混合當地草料餵飼，以減少其消化障礙。因此，羊隻雖經長途運輸後，恢復情形亦快速良好，令人欣慰。

3. 協助改善羊隻飼養設備

冬季平壤之氣溫極低，因此羊隻均飼養在密閉之畜舍內，由於「順安農場」以往並無養羊經驗，現有之設備均為養豬設計，因此即刻指導該農場修改羊欄，增設適當飼槽、飲水

槽及鹽箱等設備。此外，如防堵羊舍賊風、清除舍內有被羊隻誤食危險塑膠布及羊床面之鋪設保暖之稻草等。

　　4.協助建立羊隻正規管理技術

　　除了在現場解說羊隻管理方法之外，並召集參與養羊之員工五人，就乳羊飼養管理之技術做有系統之課程講解，另並贈送有關之書籍與手冊以及建立日後長期之聯繫管道。

　　5.羊隻繁殖技術之示範

　　配合我方贈送之人工授精與胚胎移殖手術器材各一套，示範使用操作方法，並應對方要求示範一頭羊胚胎採取與移殖手術。

㈡檢討與建議

　　1.「順安農場」之養羊設施應再進行全面之規劃與改善，搾乳與羊乳冷藏設備亦有待充實，方能有效提高整體生產效率。

　　2.協助朝鮮全國示範性農場「順安農場」成為朝鮮全國最高優良種羊場，除可彰顯我國政府援助朝鮮成效，亦可奠定雙方穩固之友誼基礎，符合雙方利益。因此，除上述育種知識與技術指導外，倘未來朝鮮有善意回應，亦可考慮繼續提供冷凍精液或種公羊，以避免近親交配及品種性能退化問題。其他如超音波妊娠診斷，精液與胚胎冷凍及繁殖季節之人工調節技術與設備等，視兩國關係發展進度，配合我國外交政策亦可考慮援助。

　　3.為使我國政府上述贈送之二十隻種羊在短期內能充分發揮效益，謹建議儘速進行下列兩項後續協助。

種公羊新鮮精液之採取及稀釋器材與技術之支援：贈送簡易器材，攜往對方，並利用我方贈送之種公羊協助生產新鮮稀釋精液，用以快速改良「順安農場」及其附近土種羊隻之生產性能。

協助進行純種羊胚胎移殖與技術轉移：選擇少數我政府贈送之純種母羊，利用我方設計之方法與步驟，由朝鮮方面配合事先進行純種母羊之超級排卵與純種交配，以及當地借腹用土種母羊之發情同期化等工作，我方再按期派員協助胚胎採取與移殖，並指導對方操作。上述工作除可在短期內達到迅速擴大純種羊群之目標外，又該項技術若能轉移，可大幅縮短「順安農場」優良種原繁殖與擴大所需之年限。由於朝鮮位於溫帶緯度，羊隻受日照變化之影響有極為明顯之生殖季節劃分，一般自二月之後即出現母羊不發育之現象，因此，上述羊胚胎移殖工作至遲需在本 (1998) 年一月底之前或三月初完成。

肆、援助之成效

綜觀我政府此次援助活動，初步達成之成效似有下列各端：㈠以援助朝鮮農業發展建立我與朝鮮兩國長期合作模式；㈡展現我國經濟實力及高水準之農畜產業技術；㈢有助於增進我與朝鮮之互信及友誼；㈣促進我與朝鮮農、畜產專家互訪交流；㈤為協調有關羊隻及各項器材之運送問題，首次建立我國有關單位與朝鮮民航局等單位之海、空運輸合作管道，

以及首次建立我與朝鮮羊種改良、人工授精及冷凍胚胎移殖等技術合作之管道。

伍、結　語

㈠我國政府此次組團往訪並援助朝鮮全國示範性農場「順安農場」溫室設備及混合飼料機組、割稻機等高價精良之農業器材，受到朝鮮政府高度重視，尤其朝鮮對我國贈送之二十隻優良種羊極感珍貴，將之視為我國政府及民間展現之高度友誼。據朝鮮方面告稱：我政府推動與朝鮮農業合作案，於上 (1997) 年四月間派團攜雞、鴨種蛋及農業器材訪問朝鮮，曾引起中共不滿，向朝鮮提出強烈抗議，惟朝鮮不為所動，對我政府此次援助活動，經朝鮮政府內部討論，最後並經「偉大指導者」金正日將軍裁示，乃得以邀請我團赴訪等語。

㈡我團在朝鮮「順安農場」進行援助活動期間，朝鮮政府為表重視，曾派政務院農業委員會官員（據瞭解係副司長級）前往「順安農場」探視我團工作情形。據該位官員向我團人員表示：朝鮮政務院對於我國政府此次基於友好，援助朝鮮全國示範性農場「順安農場」各項高價精良之現代化農業設施及器材等美意，至為感謝；此種援助對加強雙方互信及睦誼關係甚有助益，希望我國在朝鮮發展農業上續給予支持等語。另據「順安農場」總場長尹成秀告稱：該農場將我國援助之各項設備及器材整理就緒後，將安排朝鮮農業幹部

分批前往參觀學習，果爾，我政府援助朝鮮發展農業之效果將會持續擴大，有助於今後兩國關係發展等語。從上述朝鮮人員反應，顯見此次我國政府援助朝鮮農畜設備活動，效果至大，對增進雙方友誼與互信甚有裨益。

　　(三)此外，林團長秋山與朝鮮有關方面接觸，就我與朝鮮加強合作方案廣泛交換意見，林團長表示將儘量協助朝鮮來臺舉辦書畫及手工藝品展覽，朝鮮則同意我國經貿官員適時組團往訪，俾進一步洽談有關經貿合作事宜。由於朝鮮逐漸體認與我合作之重要性，預料雙方關係將可陸續推展。

第十一章　應邀前往協商建立雙邊關係

第一節　金正日就任國防委員會委員長

　　經過我政府兩度選派農、漁、畜產專家前往朝鮮考察，提供產品及設施後，雙方已建立良好互信基礎。基於事實需要，1998 年元月 15 日國家安全會議開會研商組團訪問平壤及投資北韓肥料及農藥廠等相關事宜，會議由秘書長丁懋時召集。2 月，堂兄農委會技正林再春博士（早期臺灣獸醫界頗為知名）及臺灣區肉品發展基金會執行長莊銘城前來監察院拜訪，表示願意免費贈送朝鮮 1 萬噸冷凍豚肉，並詢問雙方合作養豬之可能性。6 月 22 日及 7 月 27 日高麗民航臺灣區代表張榮勝來訪，就我國觀光客旅遊北韓及該航空公司在臺灣發展業務之相關問題交換意見。同年 9 月 2 日朝鮮祖國和平統一委員會特派駐北京代表李昌基來華遞交該委員會邀請書，邀請個人前往平壤訪問，略以：「本人謹代表朝鮮祖國和平統一委員會向林秋山先生提出訪問平壤的誠意邀請。林秋山先生以及他的代表團將在我單位的安排下，與朝鮮相關部門會談及洽談相關事宜」。

　　1998 年 9 月 5 日金正日將軍在最高人民會議第十屆第

一次會議中宣布就任國防委員會委員長，結束自 1994 年 7 月
國家主席金日成逝世後無人接棒之窘相，金正日雖明知國不
可一日無君，仍堅持遵守古禮，守孝三年，一方面表示胸有
成竹，一切都在掌控之中，即位與否不影響大局，另一方面
既表示其重視古有文化與孝道，亦澄清金日成之死的種種謠
言，內部不穩，甚至兄弟鬩牆之說。個人應朝鮮友人建議去
函金正日將軍申致賀忱，說明多次訪問平壤心得，並一如往
昔建議開放觀光，發展手工業，改良農漁畜牧業，引進國外
資金，接受南韓人民之投資發展經濟，以利民生，並表示個
人願發動友人，促進我國政府協助上述計畫之推動，請賜指
導等。嗣並撰寫〈金正日時代的新出發〉一文，呈請上峰參
閱，內容如下：

一、關於金正日之繼位問題：南韓方面屢有報導，其國
家安全企劃部長甚至在國會報告金正日將於 9 月 9 日就任國
家主席，沒想到出乎大家意料之外，金正日不但提早於 9 月
5 日最高人民會議第十屆第一次會議中宣布就任朝鮮最高權
位之國防委員長，還修改憲法，以國防委員長取代國家主席，
使金日成成為永遠的國家主席，並新設最高人民會議常任委
員會為國家代表機關，選金永南為委員長。

在南韓安全企劃部言之鑿鑿，各國媒體競相追蹤報導之
際，金正日採取此項政策其理由有三：首先，表示金正日所
作所為非南韓及國際社會間所能預測；其次於金日成逝世四
年餘後，才完成接班工作，形式上與眾所指責的世襲有所不

同；最後是對金日成的悼念，「思其人，而不忍繼其位」，以表其孝心。

　　金永南在推舉金正日為國防委員長之說明中表示，「國防委員長為統帥、指揮國家政治、軍事、經濟總體力量之國家最高職位」。最高人民會議把既有的「政務院」改名為內閣，由前副總理洪性南出任總理，把九名副總理減少為兩名，改部為省，三十四名閣僚減少為二十六個省、一院、一委員會，並廢除原國家主權最高指導機關之中央人民委員會，既表示金正日集大權於一身，亦顯示遂行政治改革，擺脫效仿中共政治體制之用意。廢除對外經濟委員會以原有亞太和平委員會（委員長金容淳）取代之原因在於重視無邦交國經濟力量與睦鄰關係。在9月9日朝鮮政權成立五十週年的慶祝大會上，未如往日出現反美、反南韓的口號，就是最好的證明。

　　二、朝鮮試射飛彈或人造衛星震撼全球：南韓國家電視臺8月31日晚突然報導朝鮮於同日中午試射一枚新型彈道飛彈飛越日本領空，降落太平洋。據報導，這枚名為大浦洞一號，屬中長程飛彈，射程在一千七百公里至兩千兩百公里，引起美、日、南韓的緊張，並紛紛表示抗議，採取因應措施，研究制敵之道。但正當國際間紛擾不斷之際，朝鮮於9月4日表示於8月31日發射人造衛星成功，並說這是三節組成的人造衛星，第一節發射九十五秒後降落於距發射場二百五十三公里之朝鮮東海公海上，第二節經二百六十六秒而分離，掉落於太平洋公海上，又二十七秒後第三節進入衛星軌道，美、

日、南韓表示不可信，俄國表示收到其衛星訊號，中共表示事前未被告知，亦表示朝鮮未把中共視為可信任的朋友，14日南韓已表示可能是人造衛星。

　　在各國都還不知道朝鮮所發射的究竟是彈道飛彈或人造衛星之際，就驚慌失措，採取措施，表示上述各國對朝鮮的無知及恐慌症，但由此可知俄羅斯和朝鮮關係在加強中；朝鮮不信任中共，中共對朝鮮亦無可奈何；美、日、南韓怕朝鮮，因此美國願意提供朝鮮更多援助，以促求其恢復四邊會談及有關飛彈、核武談判，日本重新考慮參加美國「戰區飛彈防禦網」（Theater Missile Defense，簡稱TMD），朝鮮則要求美國賠償終止飛彈輸出伊朗之損失五億美元和更多的援助，貪得無厭，美、日、南韓如果不多加研究，瞭解原因所在，短時間內，恐怕還有苦頭吃。

　　三、南韓執政聯盟扭轉國會劣勢：金大中上任後，因國務總理人選不能獲得國會同意，雙方互相杯葛，抵制的結果，使國會不能正常運作，影響人民權益甚大，且因未能獲得國會過半數支持而無法施展其政策，因此爭取在野黨國會議員加入執政聯盟為其重要施政之一。及至國會議長選舉中，以小搏大，執政聯盟候選人朴浚圭獲得當選後，情勢轉趨有利，於8月29日與原由金泳三家臣派李仁濟等人所組成之第二大反對黨國民新黨合併成功，獲得一四五個席次後，士氣大振，總統選舉落選人李會昌所領導的大國黨在當時仍擁有國會二九九席次之過半數一五〇席。但在司法機關不斷調查國

會議員不法行為,追查金泳三經濟失策過程中,9月8日又有四名大國黨議員脫黨加入執政聯盟,已使執政聯盟如願以償,在國會的席次超過半數之一五三席,大國黨減至一四〇席,形成兩黨對決的形勢,其餘六席為無黨籍。

但反對黨認為調查國會議員不法行為,使得部分國會議員心生畏懼,轉而投入執政陣營,極力杯葛,亦引起相當強烈的反彈,而舉行公聽會,調查金泳三經濟政策失職的原因與責任,亦可能波及國稅廳動員企業界捐款支持李會昌競選總統經費,將造成更大震撼,為未來政局安定埋下不可預知之因素,但就金大中而言,這是最有效的一招,他實有不得不然的苦衷。

四、經濟問題困難重重:由現代、三星、大宇等五大企業集團與全國經濟人聯合會共同發表航空事業、造船及汽車事業等八個過剩與重複投資業種之結構性調整案,將於年內完成作業,付諸實施,引起員工、關係企業之恐慌,屆時可能會引發另一波的勞資糾紛。

由於外匯的周轉困難,市場的需求縮小,南韓重要外匯來源之海外營建部分,今(1998)年迄至8月底之統計為六十七件,總金額二十億一百五十八萬四千美元,件數較去年同期減少百分之四十一點七,金額減少百分之七十六點四,而且沒有好轉趨勢。

在大學畢業生的就業市場方面,由於受企業結構調整及國際貨幣基金所訂政策要求的影響,1998年度大學畢業生

（1999 年 2 月畢業）約十五萬名，連同迄至去年年底為止尚未就業之大學畢業生約二十五萬名，累積共達四十萬名之多，而一向為大學畢業生就業標竿之五十大企業集團為首之企業今年只能採用不到一萬名新進人員，被譽為大學中之大學的國立漢城大學預計今年度學、碩、博士畢業生就業率最高只能達到百分之六十，著名之延世大學預計只能有一半畢業生獲得工作，女子大學則出現故意「延畢」之現象，可見就業問題之嚴重性。

五、南、北韓關係短期內仍難好轉：

金大中就任後，對朝鮮一直採取包容政策，在 8 月 15 日慶祝光復五十週年的演說中，向朝鮮提出互派大使，並就常設長官、次長級南北對話機構等建議案進行協商，朝鮮於 8 月 20 日提出五大質問，反問金大中：㈠美軍駐韓不已違背經雙方重新確認之祖國統一三大原則基本協議書？㈡國家保安法及安全企劃部繼續存在能實現南、北韓間和解嗎？㈢與相互主義同時以新對決之陽光論（南韓對朝鮮新政策）能真正合作與交流嗎？㈣為準備北侵而與外國勢力繼續進行軍事演習，能說是為和平與排除戰爭威脅嗎？㈤對於主張民族和解及團結統一之南韓人民和青年學生進行彈壓行為甚於歷任獨裁者，這不是反統一、分裂主義的行為嗎？從朝鮮的反問內容不難知道朝鮮心態，基此，南北間進行和解交流恐怕還有其困難。

而美國下院國際關係委員會傑路夢委員長亦於 8 月 19

日向記者公開發布新聞表示，由於朝鮮今年度糧食仍然不足，外國能給予之援助則越來越少，而面臨經濟改革與試圖武力統一之挑釁行為的關鍵時刻。最近國內到朝鮮做商務考察之友人亦表示，與朝鮮官民接觸時，均表示統一之日為期不遠，而感事有蹊蹺，似表示朝鮮有冒進之意圖。

　　從朝鮮與美國最近舉行之高層會談進行情形看來，朝鮮深知美、日、南韓怕戰、厭戰之心理，而要求興建兩座輕水式核子反應爐需四十六億美元及核電廠完工啟用前每年五十萬噸重油外，稍前又要求美國提供五億美元及一百萬噸糧食以交換續開四邊會談及中止販賣伊朗等國之飛彈，充分發揮其以戰爭進行恐嚇勒索之技倆，在未能給予滿足前，類似事情一時恐難斷絕。

第二節　應邀赴朝鮮洽商建立雙邊關係

　　1998 年 11 月 16 日應朝鮮祖國和平統一委員會之邀，經香港、北京，在該會所派專人陪同下由北京轉飛平壤訪問，就農經交流與合作、建立雙邊關係等相關問題交換意見。行前李登輝總統特別交代為祝賀金正日將軍就任國防委員長，致贈 10 萬公斤冷凍豚肉供朝鮮軍民享用。24 日回國後，就此行之行程、討論內容等，撰寫《赴朝鮮洽商建立雙邊關係報告》上呈李總統，內容如下：

　　職應朝鮮勞動黨祖國和平統一委員會之邀，於 11 月 16 日搭機經香港至北京候機，在該會所派專人陪同下，17 日進

向尊敬的林秋山先生提出
訪問平壤的邀請

本人僅代表朝鮮祖國和平統一委員會向　林秋山先生
提出訪問平壤的誠意邀請。

林秋山先生以及他的代表團將在我單位的安排下與
朝鮮相關部門會談及洽商相關事宜。

特此邀請

李昌基
1998.8.27

1998 年朝鮮祖國和平統一委員會邀請函

入平壤，與金正日指派人員就農經交流與合作等相關問題交
換意見，海外局長金永振、科長申光哲、金振浩等人在機場
接機，隨即驅車前往平壤近郊山區極為隱密之所謂迎賓館進
行會談。

　　在平壤期間，除先到萬壽山向金日成銅像獻花致敬外，
17、18、19 日三天係與金局長對話，20、21、22 日三天係與
兩位科長就與金永振局長對話內容之疑問反覆討論，23 日再
與金局長做綜合性討論。據告，金局長極得金正日之信任，
在迎賓館之討論結束後，即予分門別類，由相關機關進行分
析、研討後報告其最高領導人金正日裁示。其間並利用時間
前往主席宮向金日成陵寢行禮致敬，參觀萬壽山高麗書藝創
作所、檀君陵、愛國志士墓、歷史博物館、龍門大窟、三大

革命展示館,並觀賞平壤特技團後於 24 日經北京、香港返國。

　　金永振局長除表示歡迎外,還引用江丙坤主委在亞太經濟合作會議 (Asia-Pacific Economic Cooperation, APEC) 之發言,提出我國投資東南亞九國三七八億美元之情形;還表示如果向我國提出貸款、糧食援助之要求,其可能性如何;再度提供一或兩個農場類似先前提供順安農場技術、設備、物資援助之可能性;總統、執政黨及政府對我國與朝鮮關係之期望與如何建立溝通管道? 對中國大陸未來發展及兩岸關係的看法;對南、北韓統一問題及南韓內部情勢發展的看法;我國與朝鮮關係是否會受到美、日、甚至南韓的阻撓,國內對金正日思想之研究情形等問題。

　　職先感謝邀請與接機,並表示李總統係國際著名農經博士,對貴國極為關心,為表示對偉大的領導者金正日將軍就任國防委員長之祝賀,特致送國產豬肉十萬公斤、即一百噸請貴國軍民共享。

　　關於我國投資東南亞各國情形,職表示係屬工商企業界自發性行為,只要工商企業界認為有利可圖,有發展潛力,該國政府對我國友善,並給予必要保障者,政府會給予鼓勵、方便與協助。至實際投資金額,由於政府對國外投資與外匯幾乎不予管制,且可透過香港等第三國銀行匯出,因此實際金額當不止於此。

　　關於向我國貸款之可能性問題,職表示我國有鉅額外匯為眾所周知的事實。這些外匯實際上並非政府公款,是國民

所有，或存於外國銀行，或購買外國貨幣，或由政府的推廣與仲介而借予外國政府或工商企業界，因此，就理論而言，只要符合我國要求條件，似無不可之理。

關於糧食援助問題，職表示由於生產成本太高，政府對稻米生產採補貼措施，因此政府與農民並不希望糧食過剩，加以1996年中共在我海域試射飛彈後，已提高糧食之安全存量以應不時之需，而最近兩年洪水氾濫成災，農作物亦受到相當損害，是否有餘力援助他國不得而知。不過鑒於實物援助，今年需要，明年還是需要，年復一年，不知那年才能脫身，因此政府在政策上似有轉向技術援助之勢，以求一勞永逸。朝鮮發生重大水災後，我國提供現款及稻米各一百萬美元之援助，去年再提供順安農場一百萬美元之支援，則係基於此項考量。

關於再度對一兩個農場提供類似順安農場技術、設備、物資援助之可能性，職表示可能性並非沒有，但希望不要只要求給什麼，也應知道如何發揮其功能，更應該知道回饋。如順安農場，我們帶去上千個優良品種的雞蛋，為怕弄破，每個人都要手提數百個雞蛋，戰戰兢兢，吃盡苦頭，其困難他們可曾想到？抵達平壤機場已逾子夜，我們帶禮去送他們，但我們的訪問團在搬運行李，他們卻袖手旁觀；我們千辛萬苦，手提的、海運的、空運的一大堆東西點交時竟沒有一個較正式的贈與式，甚至連拍照都不行，使擔任團長的我感到非常不滿與氣憤。如今經過一兩年後，事實證明我們提供的

物資與技術發揮良好作用，但農場獨占功勞，不把成果推展到其他農場，如此情形，再送一、兩個農場又有何意義？而且今後如再提供其他農場援助，該提供什麼東西？提供多少？應由我方評估後決定，而不應照單全收。

金永振局長對職所述各節亦表示不解與難過，並再三致歉，隨即指派兩位科長到順安農場瞭解實際情形。由於兩位科長到農場後獲得極為良好的印象與滿意的成果，因此表示今後絕不會再發生類似情形，並將檢討此事，對農場方面採取必要的措施，還我公道。

職表示自 1991 年看到金日成的新年賀詞中表示希望能給其全國人民一碗白米飯吃，一碗肉湯喝，深受感動，即矢志推動對朝鮮農業改良，迄今已逾八年，訪問朝鮮亦達八次之多，其構想即以順安農場現有設備、技術、經驗為基礎，分期邀請全朝鮮一千三、四百個農場的相關人員到順安農場講習，才能將其成果迅速普及全朝鮮，並讓全體人民分享其成果。金局長表示贊成。

關於總統、執政黨及我國與朝鮮關係之期望，職表示總統、執政黨及政府是一體的，此次中南美洲發生空前大水災，需四十年才能恢復舊觀，我政府對四個有邦交國家提供二百六十萬美元之捐款，但對朝鮮一次即提供兩百萬美元協助復建、救助災民，去年再度提供一百萬美元物資支援順安農場，此次又提供壹十萬公斤，輸入價格二十萬美元之豬肉，對朝鮮情勢之關心，可見一斑，因此願意提供農漁牧改良技術援

助以充實糧食、提升生活品質，進而加強投資與觀光發展，以全面發展朝鮮經濟。

關於投資與合作方面，職表示我國最享譽國際的是中小企業與擬定經濟建設計畫。近年來我們的海外援助以協助經濟建設之規畫後並以實際行動進行中小企業之投資，必要時並以國營企業及黨營事業打先鋒，既可嘉惠多數人民，又無壟斷之虞。但對海外投資為避免損失，恆先要求簽訂投資保障協定及免雙重課稅協定，至具體投資項目，可透過雙方協商決定之。但一定要由政府出面，否則民間組織如改組或變更，常找不到交涉對象，貴國高麗民族產業發展協會，及繼其後之對外經濟協力促進委員會之變革即為一例。

關於觀光合作方面，我國國民每年出國人數高達八百萬人次，足跡遍及全球，前往南朝鮮者亦達五十萬左右。政府鼓勵公務員出國觀光旅遊，對特定地區並補助其旅費，目前經澳門到平壤觀光者一年約在二千人左右，因此簽證與交通問題如能妥善解決，生命財產之安全得到保障，每年發動二、三萬人前來觀光旅遊應無困難。雙方並就如何開設航線較可能、較便捷、較省錢等問題交換意見。

關於建立民間層次代表機構關係的問題，職表示我國的對外關係有正式外交關係、民間層次者有使用國號之代表處、有較多以臺北經濟文化辦事處為名，均具有領事業務功能。為實現上述各項交流與合作，非如此不可，美國、日本、東南亞各國及南韓均如此，有例可援；而且中共亦表示不反對

臺灣與外國發展經貿關係，協助朝鮮農業改良，發展經貿還可減輕中共負擔，中共雖仍可能反對，但應無堅持之理。金永振局長說這麼多事情想一次解決太難了，職表示到朝鮮來已有八年，亦達八次，現年已逾六十，不知道還能有幾個八年？幾個八次？怎能不心急。

關於我國與朝鮮關係，是否與美國經濟制裁朝鮮之意旨不符，是否會受到美、日、南韓反對問題，職表示列強各國對朝鮮半島的基本政策是維持其和平與安定，亦即維持分裂現狀。各國對朝鮮是否因糧食危機影響政局穩定，致鋌而走險、製造衝突，甚為憂慮，我國對朝鮮之援助能解決燃眉之急，符合其政策，應為各國所樂於接受，必要時亦可先行溝通，化解不必要之誤會。

關於我國研究金正日思想情形，因到北京陪同者告知，金正日對此最感興趣，如能妥善說明必能得其真誠相助，因此職表示目前我國留韓返國者有二百餘名，在臺北者約一百名左右，每年三、四次不定期集會，發表對金正日政經措施之研究成果交換意見，但尚未向政府完成登記，金永振局長很感興趣的表示當報告金正日將軍，提供研究資料等。

關於對中國大陸未來發展的看法，職表示經濟快速成長，與國際地位的大幅提升雖為事實，但政治上分離運動、反對運動、民主運動的抬頭，地方分權要求必日愈強烈，經濟上貧富不均的問題將日趨嚴重，國營企業的虧損造成失業者集中沿海地區求職的問題，軍事勢力日益壯大展露霸權心態，

引起周邊國家的不安與警戒，最後結果是禍？是福？在於一念之差。

關於臺海兩岸關係，講法統，我中華民國於 1912 年即建國，而中共政權於 1949 年才建立，兩個中國或一中一臺，始作俑者實為中共，目前中共主張一國兩制，我國主張分裂分治之兩個對等的政治實體，至統一則留待後世子孫去解決。

關於南北韓統一問題，職表示從歷史發展而言，朝鮮半島因戰略地位為周邊國家所必爭，常引起衝突，故日、俄已有數次分割之議，其分裂有助周邊國家和平共處，因此除非國際情勢有重大變化，短期內求再度統一恐非容易，就目前情勢看來，武力解決可能性不大，和平統一亦不太可能，維持分裂現狀並有某種程度之交流與合作的可能性較大。由於朝鮮的統一政策是高麗聯邦制，南韓為暫時性的兩個韓國政策，基本上均為維持兩個理念與體制不同的政權，雙方如能化解誤會，建立形式上統一的中央政府，下分設南北政府之可能性並非全無。

關於南韓內部情勢問題，職表示因外債沉重，經濟危機短期內無法解脫，政治上因清算金泳三經濟失策，追究李會昌要求朝鮮槍擊南韓說，及明年總統中心制改為內閣責任制政府之修憲問題，金大中政權要有重大建樹似不大可能。

最後，金局長提到我國對設立共同基金的看法，但未做進一步說明，並表示時機確已到來，如有需要可於第三國或再到平壤協商。

　　他又問，如果他想到臺灣來看看，是否可予邀請？是由政府或民間團體邀請，職表示都沒問題，應可尊重其意見。他又表示希望可由民間團體邀請，在不負任何使命的情況下到我國純觀光。職問他是否表示願意到臺灣訪問，他說確是如此。他也問如果再邀請職訪問朝鮮，是否願意；如何邀請？理由何在。職表示朝鮮問題之研究為職終身志願，隨時都願意到朝鮮來訪問。邀請以官方為佳，因朝鮮太本位主義，甲單位邀請，連跟乙單位聯繫碰面都不行，無法兼顧事實需要。

　　據職觀察，朝鮮的糧食問題應該在於經濟體制，如能得到其黨與政府的全力支持，解決問題並不困難，可於稻穀收割前先寄種其他短期作物或蔬菜，以解燃眉之急，而後再設法充實其他作物。電力供應問題更為嚴重，一日斷電不下二十次，已到非改善不可的地步。職亦提出日月潭迴收式水力發電及汽電共生等方法供其參考，渠等對此先進方法頗感興趣，並再三致謝。

　　就雙方對談內容看來，對建立某種關係，似可審慎樂觀，唯渠表示目前其外務部尚反對此事，因此需俟金正日裁示才算確定，而金正日正在外地視察中，最後決定如何，不得而知。因此要求對平壤訪問內容嚴守秘密，否則可能前功盡棄。

　　為此，擬提出個人感想數點如下，建議政府參考：

　　一、我黨、政及民意代表訪問朝鮮，或朝鮮之黨、政幹部來訪會晤我黨政要員者日益增多，對相關問題應有較一致的說法，以免因內部的矛盾給予其更大的利益。

　　二、朝鮮黨政幹部來訪時，常要求額外支付機票款或電話費等，雖然不多，事關原則問題，建議給錢，不如送沙拉油或其他實物，使更多人能分享我國之友誼。

　　三、如再有其他捐贈或援助行為，應有較詳細的評估與具體的要求，才能使我國的捐贈或援助獲得更大成效，發揮更大作用。

　　四、將來如有較大金額之援助項目，應改以記帳方式為之，如此既可使其知道有要求亦應有所給予，亦可減少我國經費負擔，加強雙方關係。

　　五、由於北京機場未建立轉機免簽證制度，職自平壤入境北京轉機之簽證拖延三次才發給，可見中共敏感，也因此引起朝鮮對中共的不快。

　　就雙方會談情形來講，應該是圓滿、順利的，但李總統的好意，10萬公斤的冷凍豚肉並沒有送出去，也許是嫌少也說不定，反正話我是講了，但他們並沒有表示接受或討論到如何交運。另一值得一提的是以往到平壤參訪結束，從平壤中國大使館申請再入境北京簽證，以便轉飛香港返回臺北，都是一天即可取得再入境簽證，這次竟一而再，再而三，到第三次才取得簽證，還問東問西、極盡刁難之能事，據邀請機關告稱，第三次還是取不到簽證時，他們已準備用專機送我到香港搭機，或直接送回臺北。

第三節　朝鮮祖國和平統一委員會來函回應

返國後不久，12 月 10 日朝鮮祖國和平統一委員會隨即來函對 11 月平壤會談有了具體的回應，為不失去其真實性，來函照抄如下：

林秋山委員閣下：

首先要向你表示敬佩，感謝你在十一月下旬的平壤訪問。雖然這是一個比較低調，隱密的會談。但是我們認為，這一次的見面是貴我兩國間開始交往以來最有意義的見面。我們要特別提出的是，朝鮮與臺灣方面過去從未就政治議題交換意見，也從未就政府間的交往問題深入討論。林先生這一次的來訪，已經為貴我兩國之間的交往立下基石。

朝鮮與臺灣同是東北亞區域的成員，由於歷史的原因，貴我兩國在過去沒有交往，互相理解不夠，對於推動雙方間的交往關係顯得困難很多。東北亞地區的政治情勢比較複雜，朝鮮半島與臺灣海峽兩岸同樣面臨國家分裂與祖國統一的問題，尤其嚴重的是，大國之間，為了自身的利益更在本地區製造事端，進一步激化本地區的不安定。種種的原因，使得貴我兩國之間的交往相互猶豫。雙邊關係的錯綜複雜，根本影響到貴我雙邊之間關係的發展。對此，我們期待林先生發揮更大的影響力，在推動貴我兩國之間的交往上取得更大的成就。朝鮮祖國和平統一委員會將以同樣的心情和林先生一齊努力。

　　在林先生本次訪問平壤期間，我們雙方討論了政府與政府間交往的事情，我們把林先生的觀點和雙方會談的內容，即時的向上級報告，由於朝鮮與臺灣的交往是敏感性很高的議題，區域內國家的反對與干涉是一定會發生的，因此，我們認為現階段保持秘密是非常必要的。另外，經貿方面的交往很少，對於鄰近地區而言，這是很奇怪的現象。臺灣與東南亞國家有很密切經貿往來關係，我們期待，朝鮮和臺灣之間發展出相同甚至超越其他國家的經貿與投資關係。林先生提出建議雙方成立政府層級的代表處問題，我方政府希望以 "STEP BY STEP Approach"，逐步漸進的達成目標。在此之前，我們希望雙方先成立一個民間級的交流機構，以農業合作發展基金會的名義來進行。如果貴方另有考慮，亦可以成立平壤臺北貿易促進協會，雙方派員在對方地區成立辦公處所。初期運轉的經費，希望能由臺北方面提供。我們認為民間性的交流機構對於促進貴我兩國間的經貿、觀光、投資是有幫助的。由於朝鮮近年來因為自然災害及其他種種原因造成糧食生產不足與工業原料短缺問題，我們也期待臺灣方面能給我們幫助。糧食支援和貸款支援是我們國家現階段最為迫切的問題。

　　林先生關心我國糧食發展的問題，在本次平壤的會談中也提出了很多建議，我們再一次表示感謝。我國農業發展的目標是儘快恢復正常生產，達到自給自足的目標，不再依賴別的國家，我國農業主管部門的相關單位目前正在計畫，希

望與臺灣方面進行合作。去年臺灣相關單位對我國個別農場的支援與指導，已經取得特定的成果，我們希望相同的計畫能夠擴大。我國現階段農業生產的核心問題是肥料生產嚴重不足，我們希望臺灣方面能提供協助或合作。

臺灣在農業發展方面有極為驕傲的成就，並且幫助過很多國家，朝鮮由於地形與氣候的因素，在農業發展過程中比較艱苦，我們期待本項合作能順利進行。為了延續十一月份的平壤會談，上級單位擬派出一個小型的代表團，在二月底訪問臺北，我們將以「祖國和平統一委員會」的名義出發，為了避免不必要的干擾與破壞，我們希望此次的訪問能以隱密的方式進行。我們認為任何項目的交流，在推動過程中皆需要一個常設性的機構作為窗口，作為聯絡的管道。這是我們代表團訪問臺北的主要目的。

「朝鮮祖國和平統一委員會」作為一個政治性的單位，代表我國政府來與林先生進行會談，是和朝鮮其他商務機構不同的，由於雙方都有特殊性，因此通訊保密的要求是有必要的，林先生曾經傳達了以駐外使館為聯絡通訊管道的建議，我們非常同意，在我們代表團二月份訪問臺北時，我們將明確的告訴林先生。現階段由於我相關的部門尚未得到通知，為了避免產生誤會，在我國代表團抵達前，仍請按我方的建議，利用現有的管道，經過北京傳達。我方也將利用現有管道，繼續向林先生傳達我方訊息。

林先生上次訪問平壤期間，由於時機較為敏感，某個大

國關切的議題，我方並未提出討論。有關臺灣加入朝鮮電力
開發組織(Korean Peninsula Energy Development Organization,
簡稱 KEDO)計畫的問題，由於我國只是 KEDO 的對應國家，
並非參與者。且現階段 KEDO 計畫進度落後很多，我國政府
對 KEDO 的執行計畫曾表示嚴重的不滿。這是我國現在的立
場。林先生在平壤時，另外提出的其他議題，我們將在抵達
臺北時和你討論。

　　對於你做出的努力，再向你表示敬意。

第十二章　化解低放射性核廢料運北處置糾紛

第一節　低放射性核廢料合作案引起軒然大波

　　1997年初，臺灣電力公司登報公開徵求低放射性核廢料處置地點，事為朝鮮方面所悉，朝鮮電算機中心（Korea Computer Center，簡稱 KCC）主動應徵，並出面與臺電洽談簽約，預定將臺灣低放射性核廢料運往北韓進行最終處置。消息經媒體公開後，韓國政府和民間或以汙染大韓錦繡江山、或以朝鮮將利用所得款項購買武器攻擊南韓、或以其他不成熟之理由抵制，壓力排山倒海而來，使我國政府極感困難。元月26日李總統登輝先生於官邸約見個人，垂詢韓國如此強烈抵制之原因及解決之道，經說明後，李總統囑設法化解，並謂東北亞情勢對我國關係極為密切，如有重要發展，可隨時報告，以便參考等語。在場作陪的有當時之國安局局長殷宗文及秘書長丁懋時等人。

　　同一天又接到韓國韓南大學教授林春植博士來電，個人曾推介林博士來華留學，向來互動良好。他口頭邀請個人協助當地國會議員及環保聯盟學者等一行來臺，就臺電低放射性核廢料運往北韓做最後處置一事進行溝通，個人表示韓國

如能理性溝通，當予協助，如為無理抗議則無法接受，得到其承諾後便協助訪問團取得入境簽證及安排會晤時間。不料元月 31 日韓國民間環保聯盟事務長崔冽隨同新韓國黨國會議員安商守等多人前來監察院拜會時，不但陣容浩大，媒體記者有二、三十名之多，經借用監察院會議室舉行公開溝通，各自表述立場，供記者自由採訪，說明內容大約如呈李前總統書面報告，事後接受韓國《京鄉新聞》、《中央日報》、聯合通訊社、KBS 等各大媒體採訪。個人說明內容大致如《自由時報》採訪報導 [1]：

朝鮮有能力處理核廢料的儲存問題，而且這項商業交易對朝鮮人民也有利，希望南韓也能從這個角度去思考問題。

南韓環保團體由團體事務長崔冽率領，成員包括學者及南韓新韓國黨國會議員安商守。代表團向林秋山表示，臺灣方面在思考核能問題時，「應朝良心的方向發展」，不要違反世界潮流。

監察委員林秋山為國內韓國問題專家，對於這次臺電打算運低放射性核廢料至朝鮮儲存而引起南韓當局與環保團體抗議一事，林秋山希望南韓抗議行動能就此打住，否則將使兩韓問題更形複雜。

若南韓當局繼續就此事與臺灣周旋下去，甚至求助中共，與南北韓政界長期接觸的林秋山表示，兩韓關係也將因而更為緊張。他指出，這次運送低放射性核廢料至朝鮮完全是朝

1 羅景文，〈監委林秋山籲抗議行動就此打住〉，《自由時報》，臺北，1997 年 2 月 1 日。

鮮主動來找我們，這樣的主觀意願如被南韓阻止，可想而知，朝鮮當局當然很不愉快，進一步便影響到兩韓關係。

　　他指出，朝鮮日前曾表示只要臺灣把核廢料運出去，剩下的事朝鮮會負責，因此南韓若在公海上阻擋運低放射性核廢料的船隻，恐怕會引起朝鮮當局相當大的反應，這些都是南韓當局必須考慮的。

　　林秋山說，由於朝鮮目前經濟困難，亟需外援，臺灣願意送核廢料過去儲存，等於是替朝鮮另闢生路，紓解朝鮮窘況，如今南韓不僅沒有幫忙，反而還要斷其生路，當然會令朝鮮當局憤怒。

　　至於美日等國的干涉活動，是否會為兩韓關係帶來任何變數，林秋山表示，美與日本等國雖然關切此事，但不至於會貿然採取激烈行動，因為他們會考慮到種種後果，所以他們必然會相當審慎地評估之後，才決定該如何作，所以應不會有激烈干涉行動。

第二節　南韓反彈的背景與理由分析

　　臺電與朝鮮簽署核廢料處理合約，引起南韓之強烈反彈，雖為意料中事，但如此情緒性、非理性的反應已顯示其目標並非針對低放射性核廢料，而在阻止臺灣與朝鮮接近，並隱含向美、日示威之意，事後補呈李登輝總統之分析報告〈南韓阻止我低放射性核廢料北運之分析〉（1997 年 1 月 30 日）如下：

(一)背　景

1.遠因：南韓自1973年6月23日朴正熙發表「大統領對和平統一外交政策之特別宣言」，表示願意和朝鮮同時加入聯合國及其他國際組織，做善意競爭，讓人民自由選擇起，至1988年7月7日盧泰愚更發表「七七宣言」，表示願意協助國際友邦改善與朝鮮關係，促進南北雙方交流，在表面上雖然一再宣稱雙方應共存共榮，但實際上卻採取孤立朝鮮政策。而且由於朝鮮事事排斥南韓，且其封閉性，使南韓無法瞭解朝鮮真相，亦無法掌握國際間如美、日等國與朝鮮關係之進展，而產生危機意識，因而在朝鮮與美國商談互設聯絡事務所；日本與朝鮮進行建交談判時，均強烈要求其與朝鮮關係之進展應諮商、知會南韓，並要求向南韓公開，此舉自為美、日所不能接受，故更引起南韓之焦慮與不安。

2.近因：南韓因經濟衰退而修訂勞基法，採取較有利資方之政策，並於開會期間，在反對黨不知情的情況下「奇襲式」的通過勞基法修正案，引起勞工的不滿，而發動全面性的罷工，再加上最近韓寶鋼鐵廠貸款五十九億美元又發生財務周轉不靈，引發金融危機，據報導其中可能涉及金泳三或其家族，因此韓國政府正好藉臺電核廢料運往朝鮮一事，轉移國內民眾注意的目標，持續升高抗議活動，擴大對我國之抗爭，以轉移新聞焦點。

㈡表面理由

南韓反對臺電低放射性核廢料輸出朝鮮所持之理由，不外乎影響朝鮮半島之安全與危險性、汙染環境、幫助朝鮮脫離經濟困境、朝鮮缺乏處理核廢料之能力與意志等，但這些均為表面理由，蓋因：

1.關於朝鮮半島安全性問題：

所謂低放射性核廢料乃指工作人員所穿過之衣服、鞋子等物，其無法再利用作為核子武器甚為明顯，且運往朝鮮處理完全依國際原子能總署及國際相關規定辦理，怎可能幫助朝鮮發展核武以侵犯南韓呢？其與朝鮮半島之安全性實無任何關聯。

2.關於汙染環境問題：

南韓早有倍於我國之核能發電廠,其核廢料亦存放南韓,如果核廢料汙染如此嚴重，朝鮮半島早為南韓的核廢料所汙染，何待臺電的低放射性核廢料運至朝鮮？且朝鮮擬將處理廠設置於已廢棄之鈾礦礦坑，不僅適所且地盡其利，況且臺電所提供之經費正可使朝鮮運用於周邊的警戒及防護設施，增加保全隔離設備及鄰近居民之健康檢查及醫療工作等。

3.關於幫助朝鮮脫離經濟困境的問題：

臺電所支付的費用非如外傳龐大,且運出期間長達兩年,乃視運出量之多寡而給付，因此其金額對朝鮮雖不無小補，若謂因此就解決其經濟困境，未免言過其實，甚至說我此舉就使朝鮮有力南侵，更屬無稽之談，須知發動戰爭所需之財

力物力極為龐大，豈是協助處理低放射性核廢料之經費即可辦到？且南韓亦投資朝鮮，雙方互有投資往來，何以臺灣的錢能助其脫離困境，南韓的錢就不會呢？

4. 關於朝鮮處理低放射性核廢料之能力及意志問題：

駐臺北韓國代表部在 1 月 24 日發表的聲明說「朝鮮核廢料之處理及管理技術之水準，仍然停留在低劣的階段」，又說「我們對於貴方具有法規適用的意志及實際執行能力，並具有民主國家高度的執法透明度毫不懷疑，問題在於朝鮮的執法意志及實際能力」。朝鮮處理核廢料之能力經國際原子能總署等相關機構實地考察後予以肯定、認定，南韓竟憑推測即認為朝鮮無此能力，實難令人信服。南韓理應要求朝鮮確實執行，或要求我國加強監督朝鮮確實執行，但南韓竟無一言半語提到朝鮮，既然南韓認為朝鮮半島是南韓的，南韓更應該積極幫助朝鮮安全並正確的處理核廢料才對。

5. 關於道德性與良心問題：

南韓認為臺電低放射性核廢料運往朝鮮是利用朝鮮經濟窮困之際，以金錢誘惑而成，亦非事實，實際上此事是朝鮮主動向臺電提起，處理經費亦依朝鮮估算要求，臺電並未以金錢誘惑其成交，況且我國尚與俄、中共、馬紹爾群島洽談，實無違背道德與良心之處。

6. 駐臺北韓國代表部同一聲明中又說：「故世界絕大多數國家在不否認韓國將統一南北韓的狀況之下，直到未來數百年間將由誰來負責管理該核廢料？」由於南北韓曾在 1991 年

簽訂「南北和解、互不侵犯、交流與合作協議書」，並成為聯合國會員國，各有各的領土、主權和政府，為雙方與國際間所共認，因此南韓強力阻止臺電低放射性核廢料運往朝鮮，實為推翻上述事實，並嚴重干涉他國內政行為。

(三)真正原因

　　南韓對我國與朝鮮發展關係非常注意與重視，他們知道低放射性核廢料既可運往朝鮮處理，其他關係亦可能快速發展，這是南韓所不願看到的，尤其在美國與朝鮮會談設立聯絡事務所、日本與朝鮮做建交談判之際，更必須全力阻止，讓美國、日本知道與朝鮮發展關係，如為南韓所不能接受，必面臨與臺灣相同情形，因有經濟制裁、不買臺灣貨、不到臺灣觀光、發動美、日、中共介入，撤館及抵制我國參與國際組織等說法。

　　由於中韓雙方經貿關係，1995 年南韓對我出超約十八億美元，1996 年約十二億美元，且 1997 年南韓國際貿易入超逾兩百億美元，負債約一千億美元，我國出超一百五十億美元，外匯存底約九百四十億美元，南韓如斷絕與我國經貿關係，其損失與影響均大於我國，因此無論經濟制裁、不買臺灣貨、或不到臺灣觀光，蒙受損失的將是南韓，而非臺灣。

　　發動美、日、中共介入一事，由於列強各國對韓的基本政策是維持朝鮮半島的和平與安定，亦即維持南北韓分裂的現狀，既不贊成南北韓統一，也不贊成南北韓對峙造成緊張情勢，而且需要拉攏朝鮮來制衡南韓，因此均表示冷淡態度，

將來即使介入也有其一定程度。

　　至於撤館，固為我所不願，但南韓基於經濟利益考量，如無重大意外事情發生，應無輕易撤館之理，否則對其日益嚴重之經濟困境所引發之社會問題更難處理。

　　南韓雖宣稱要發動所有影響力阻止我國參加國際會議，但我國既依照國際相關法規辦理，諒第三國不會因一件與本國無利害關係之事而採取不利於我國之行動，況且南韓在中韓斷交後，在國際活動上就未支持我國，當我國購買美國 F16 戰機時，甚至持反對態度。

㈣可能影響

　　南韓強烈要求終止低放射性核廢料運往朝鮮之行動，其對象雖然完全指向我國，但因影響及於朝鮮，因此朝鮮與我立場漸趨一致，會拉近雙方關係，朝鮮亦會採取若干措施反制干預之國家，因此也會促使南北韓關係複雜化與緊張化，這不但是列強所不願見，對南韓亦無益處。

㈤建　議

　　臺電除合約規定機密者外，應把事實與將來作法儘量向社會大眾說明，以免大家疑慮，必要時，並邀請記者或其他第三者參觀其作業過程，同時亦應爭取國內反核團體及新聞媒體之支持，對於凝聚國內民眾共識，將有所幫助。

第三節　與南韓協商解決方案

　　1997 年 2 月 3 日韓國外交安保研究院教授、前駐華韓國

大使館參事李志哲博士特地從韓國前來臺北，就相關問題作長達兩小時之意見交換。4日駐臺北韓國代表部代表姜敏秀、代表補李鉀憲來訪，再就臺電低放射性核廢料北運處置之解決方案、中韓交流合作及南北韓關係等相關事宜交換意見。由於韓方誤認核廢料處置案是由個人主導，這段時間韓國官員、媒體、學界等紛紛來訪勸阻，亦可見其情報來源之不夠準確。

2月5日，姜敏秀代表偕同代表補李鉀憲到監察院拜會，並就核廢料運往朝鮮一事交換意見，達一小時四十分，氣氛和諧，甚具建設性，個人隨後上呈報告〈南韓抗議低放射性核廢料北運行動可望停止〉如下：

姜代表對臺電堅持依合約規定將低放射性核廢料運往朝鮮，而南韓又堅決表示反對，致使原已獲得相當改善之兩國關係又陷入僵局，感到憂慮，謂晚研究韓國問題多年，熟悉兩國國情，請給予指導協助。

姜代表表示，核廢料汙染環境為各國所共知，朝鮮既無處理核廢料能力，其是否依據合約規定處理，令人懷疑，甚至可能拋入公海，或任意棄置三十八度線附近，如此將使韓國人民永劫不能超生。

晚先對姜代表就任後，對增進雙方關係所作的努力表示感謝後，說明：

(一)南韓部分人士將此一純粹商業行為扭曲為政治事件、訴諸於民族感情、大作政治秀之不當。

㈡對於韓國《朝鮮日報》歪曲事實，報導「我國核廢料造成蘭嶼原住民癌症死亡率劇增、低能兒在某國中占百分之二十、畸形兒逾五十人等」之內容無科學根據，表達不滿。並指出其應就當地住民之近親結婚、生活習慣等可能影響再作深入研究。此項剪報已函送臺電席總經理參酌。

㈢據國內新聞報導，朝鮮處理核廢料能力為國際原子能總署經實地調查後認定。而南韓僅憑臆測即推斷朝鮮無處理能力，實缺乏說服力，且若低放射性核廢料之汙染如此嚴重，擁有十一座核能發電廠之南韓，所產生之核廢料不僅倍於我國，且早已對朝鮮半島造成汙染，韓國環保人士應先抗議南韓核廢料，而不該到我國無理取鬧。

㈣就目前情況而言，朝鮮實不可能把核廢料拋入公海，或棄置三十八度線附近，中國俗語說：疑心生暗鬼，如有疑問，可要求其作業過程透明化，並加強監督，而非訴諸美、日、中共阻止等，或揚言經濟制裁、撤館、阻止我國參加國際組織、甚至發動海上自衛隊或漁船阻止航行等非理性說法或作法，對解決問題非但沒有幫助，且會造成雙方感情對立，應避免為之。姜代表則表示這些均為民間團體之說法，而非政府之意思。

㈤晚並就中韓兩國合作研究如何打開朝鮮門戶，促使南北韓交流，以維持朝鮮半島之和平安定提出建議，姜代表認為建議具體可行，聞所未聞，甚具價值，最後姜代表拜託就臺電核廢料如何安全運往朝鮮儲存之具體作法,告知代表部，

以釋南韓民眾之疑慮，重建雙方良好關係。晚亦要求姜代表
應努力促使南韓民眾不要再有任何無理取鬧之抗議行動，俟
情緒性反應平靜後，臺電應當會在不涉及機密及合約許可範
圍內給予說明。

　　綜上所述，如臺電能把低放射性核廢料安全運往朝鮮之
計畫及國際原子能總署認定朝鮮有處理能力之具體事實給予
充分說明，南韓阻止臺電低放射性核廢料運往朝鮮之劇烈抗
議行為，理應可以告一段落，重新展開雙方正常關係。

　　關於南韓口口聲聲謂我臺電公司將低放射性核廢料運朝
鮮做最終處置為汙染大韓江山、為無良心之行為一事，實為
無稽之談，為自打嘴巴之行為。個人於 1997 年 10 月 13 日呈
報李登輝總統〈南韓曾將核廢料拋入海中〉一文指出，根據
某報導（姑隱其名），南韓國會議員金龍煥 1997 年 10 月 8 日
對原子力研究所（相當於行政院原子能委員會）實施之國政
監查書面資料中指出，該所自 1968 年至 1972 年曾將鐵製桶
裝核廢料拋入鬱陵島西南方 11 海浬之海中，每桶容量 200 立
方公升，共 150 桶，總重 45 噸。1975 年生效的「防止傾倒廢
棄物汙染海洋公約」(Convention on the Prevention of Marine
Pollution by Dumping of Wastes and Other Matter) 雖規定棄置
場所應在水深 4,000 公尺以上，但原子力研究所棄置核廢料
之海域水深僅 2,192 公尺，其行為雖在公約生效前，但仍然不
符此項規定。該報導中並未說明此項核廢料是否屬於低放射
性。

　　鬱陵島位於韓國東海（日本稱日本海），北緯三十八度二十五分，東經一百二十九度二分之處，與日本有領土爭議之獨島即為其附屬島嶼。果真如此，南韓更無堅決反對朝鮮輸入臺灣低放射性核廢料之立場，遂將此項報導影印傳送相關人員參考。

　　經向臺電瞭解合約內容後，發現外面傳言或媒體報導與事實頗有差距，乃向韓國友人說明所謂低放射性核廢料係指核電廠工作人員所穿著之衣物、使用器具等物受汙染者而言，並無法再煉製成燃料棒，或供製造核武器之用，朝鮮預定存置之平山廢礦區原已有放射性物質釋出，如確有汙染早已汙染，費用之支付不但少，且分期支付，並以其部分作為發展農漁業基金，可促進朝鮮開放等事實內容，取得其信任與協助下，拜訪韓國科學技術處（有如我國之國家科學委員會）負責官員、韓電、朝鮮電力發展組織 (Korea Electric Development Organization) 負責人，聽取其專業看法後，再向國會關鍵議員、政府核心人物、媒體記者、環保團體、民間團體等重要幹部說明事實真相，取得理解後，告以問題如能順利解決，既可解決我國難題，亦可協助南韓一併解決困擾多年的低放射性核廢料的處置問題，即把南韓的低放射性核廢料亦運往朝鮮處置，如此一來還可解決朝鮮經濟困境，緩和南北韓關係，在三贏的大前提下獲得解決方案。

　　李登輝總統雖對此解決方案表示肯定與讚賞，可惜他已卸任，新政府初時雖亦表肯定，最後得到的答案是「緩辦」。

臺電低放射性核廢料運往朝鮮作最後處置一事之由肯定轉為緩辦，其原因何在，不得而知，但當時各方勢力林立，有運作運到前蘇聯做最後處置者，有運到大陸者，有運到澳洲者，現在突然冒出朝鮮，是否牽涉到斷人財路，則不得而知，因此原本可以三贏，最後竟淪為如同三輸，實在令人惋惜。為便於大家瞭解事實真相，茲將當時致李總統、由監察院轉國家安全會議之協商報告〈臺電低放射性核廢料運往北韓現曙光〉（1999 年 12 月 3 日）節略抄錄如下：

職應國立政治大學國際關係研究中心之邀，於 1999 年 11 月 24 日赴韓出席第九屆臺北漢城論壇研討會，於 27 日返國。在韓期間曾拜訪國民苦衷處理委員會委員長朱光逸（國際監察組織副理事長），轉達邀訪之意，拜訪監查院監查委員尹銀重，表示本院與該院人員經驗交流之意願，並在金大中親信國會議員的安排及陪同下，拜訪國家情報院（前身為國家安全企劃部）院長千容宅，就臺電低放射性核廢料運往朝鮮處置事進行溝通。

關於臺電低放射性核廢料運往朝鮮處置一事，鑒於國事艱困，早在一年餘前即主動請韓國友人進行疏通，後來得知韓電在與臺電的合作會議中表示希望能與臺電合作處理核廢料，即改變方向，請其遊說韓電核廢料與臺電一併運往朝鮮處置，並朝此方向同時與南北韓進行溝通。在南韓方面，今年 8 月赴韓與該國會議員會晤，說明運與不運對南韓之利弊得失後，獲其理解與支持，渠表示此事之解套，有賴國家情

報院與金總統之首肯，即向這方面努力。在朝鮮方面，透過其在臺業務代理人力勸其於必要時接受南韓科技人員之勘驗現場、國際原子能總署（International Atomic Energy Agency，簡稱 IAEA）之檢查、並重回「不擴散核武器條約」（Treaty on the Non-Proliferation of Nuclear Weapons，簡稱 NPT），獲得朝鮮主管機關同意後，即請韓方積極安排與國家情報院院長會晤。

11 月 26 日在國會議員及其秘書的陪同下前往國家情報院新建院舍拜訪千容宅院長，他並指派該院海外局長在場筆錄。職先說明臺電之低放射性核廢料為受放射汙染之衣服、手套等物，如經適當處理，對環境並不會有太大汙染，故在南韓杯葛臺電時，其科技界未表示意見，即為證明。而朝鮮平山處置場為一廢棄之放射性礦坑，既無警戒措施，對附近居民亦未做必要之健康檢查，臺電低放射性核廢料運往朝鮮所支給第一階段，三年六萬桶之費用約為南韓現代集團付給朝鮮金剛山觀光三個月的費用而已，不可能影響到朝鮮半島的安全，且能提供對其礦區採取若干必要之警戒措施，給予附近居民健康檢查及醫療費用，不但不會汙染其環境，反而有益居民健康。而且朝鮮對南韓所持朝鮮不具備此項技術與能力之說法感到有傷其顏面，深感不悅。臺電透過其代理人之遊說，朝鮮已同意接納韓電之核廢料，接受南韓技術人員對現場之檢查，還願意研究重回 NPT，接受 IAEA 之查核，我亦擬協助朝鮮進行農漁業改良，並藉此促使朝鮮開放，以緩和朝鮮半島情勢。如果此事因南韓反對而歸於失敗，朝鮮

將於與美國會談中提出此項要求，屆時將損南韓之顏面。南韓杯葛臺電廢料運往朝鮮，表面看來雖似獲勝，但實際情形並非如此，其間接損失實難計數，請重予研究。千院長表示此事受到國民反對，故其個人亦不表贊成，但事關國家政策，該院將徵詢相關機關意見，審慎研究後答覆，並感謝我促使朝鮮開放之計畫。

事後陪同前往之國會議員表示，職之說明相當明確、完備、具有善意。稍後其秘書說，院長與國會議員間已達成某種程度之諒解，並謂院長雖說其個人不贊成，但這話是說給局長聽的。返國後，友人並於11月30日及12月2日來電告稱該院初步同意，惟是否只有臺電運往、或共同運往、或韓電先臺電運往，其技術問題，尚待研究，是否可信則不得而知。昨日閱報，已看到朝鮮與美國協商重回IAEA等相關問題，足以證明所言不虛，或可能更受到韓方重視。

在韓期間適逢媒體炒作中韓將復航之消息，就我駐韓代表處的說法看來，似已到難以抗拒的地步，職以為復航事如能稍做推遲，俟核廢料運往朝鮮獲致結論後再作解決，對臺電低放射性核廢料運往朝鮮處置可能有所幫助，亦可作為我對南韓善意的回應。

第四節　朝鮮國家核安全監督委員會的說明

1999年元月5日，朝鮮國家核安全監督委員會副委員長（兼朝鮮原子力工業部副部長）柳永贊（Ryu Yong-Chan, 1939

年生）來函，提到我臺電公司低放射性核廢料處置合作案，
此事原不在本書預定範圍內，但因該案牽涉到朝鮮，也就順
便一提，讓大家明瞭事實真相，明瞭我們的光明正大，本意
都是為促使朝鮮經濟發展，調和南、北韓關係，為亞太地區
和平安定而努力，並說明此案相關各國之利弊得失。茲誌來
函內容如下：

　　首先本人代表朝鮮國家核安全監督委員會、朝鮮原子力
工業總局向林先生表示敬意，感謝林先生在推動貴我兩國之
間的各種交流做出的努力與貢獻，我們祝願林先生工作順利，
健康平安。

　　林先生在去年11月份訪問我國期間，接待單位原來安排
我們單位和林先生見面，就我單位與貴國臺電公司的「核廢
料處置合作案」的相關問題和林先生交換意見。由於林先生
本次訪問比較敏感，且涉及政治議題，相關單位為了避免影
響到林先生行程，臨時取消了我們與林先生的會晤，本人深
感遺憾。鑒於本案及相關問題的重要性，我們取得了上級的
核准，由本人向林先生寫信，表達我方對相關問題的看法，
並請林先生能將我方意見轉達給貴國相關單位。

　　我方與臺電公司的「核廢料處置案」，在1997年初簽約
後，由於南朝鮮政府勾結外國勢力極力阻撓，使得本案變為
比較複雜。眾所周知，南朝鮮的反對是基於政治原因，南朝
鮮政府企圖以破壞我國和外界的各種商業活動來達到孤立我
國，醜化我國形象的作法是有長期計畫的。我國的 IAEA 及

NPT 簽署，一向遵守國際公約的規定。相關國家經常利用我國的核問題，挑起朝鮮半島的緊張情勢。我們認為朝鮮半島近年來的核心問題，基本上在於核檢查制度與核檢查權力遭到有心國家的濫用，並無限上綱。最近相關國家又提出要求檢查我國寧邊郡地區的一般民用設施，就是相同問題。

事實上，自 1994 年朝美核框架協議簽訂後，IAEA 已經恢復我國的核子保防檢查業務，相關國家証指我國從事核武製造的事實也得到澄清。朝鮮電力開發組織（KEDO）計畫雖然一再延誤，但基本上仍在向前進行。我們認為，唯有相互理解，公平對待的處理國家與國家之間的關係，才是取得和平與穩定的一切基礎。

我單位為了使臺電核廢料能順利執行，曾在 KEDO 進度會議中向相關人員提出本案有利於 KEDO 計畫的說明。惟以美方為首的相關人士答稱本案是臺灣內部政策問題，KEDO 不宜干涉。按我國是原子能總署承認的全球四十四個有核物質處理能力的國家之一，KEDO 計畫的兩座核能電廠將來運轉後所產生的廢料也將由我國自行處理，南朝鮮証指我方沒有處理能力與經驗的說法是毫無道理而且自相矛盾的。

我方與臺電公司的核廢料處理合約，由於南朝鮮的唆使、誤導而受到國際矚目，也造成了貴國政府的猶豫。本案簽約初期，由於貴國立場堅定，臺電公司急於執行，我方為了配合合約規定的進度，開始了平山處置場的建設工作。在建設期間，我方亦曾多次詢問臺電公司本案是否有變化，臺電公

司一直答覆我方本案並沒有政府的指示要停止。直到後來臺電公司開始和我方就合約未能執行的問題展開磋商協調時我方已投入了大量的經費。本案未能執行，我方的損失是很大的，特別是我國近年來，因為自然災害造成了農業生產短缺，並間接造成了國家財政不足問題。本單位依賴國家財政投入的經費無法回收是個極為嚴重的問題。我方與臺電公司的協調在去年10月完成，我方最後提出妥協性的方案要求臺電公司補償我方950萬美元，並希望在磋商完成時，臺電公司能先行墊付300萬美元，以解決我方因為本案向外採購的合約問題。而為了配合本案以「合約保留三年，屆期自動解約」的原則，我單位取得政府相關部門的核准，向貴方提出了500萬美元的農業發展計畫，作為雙方政府聯繫的一個管道，並且可以實質的幫助我國解決農業生產不足的問題。本案協調期間，我方亦曾透過臺電公司向貴方表達了希望將來KEDO計畫核電廠的運轉訓練能和臺電公司配合的提議。本案拖延時間很久了，但以上許多問題，都沒有得到臺電公司的肯定答覆。本人對此問題極為擔心，其中特別是墊款300萬美元的問題，若無法即時取得，我方與外國因本案所簽訂的採購合約將面臨訂金被沒收及合約對方求償等問題，則我方損失將更為嚴重。

林委員過去曾多次協助朝鮮，我國相關單位告訴我們林先生是真正認識朝鮮，理解朝鮮人民感情的朋友，因此本人特地寫信請先生再一次協助我們。本案的合理解決，將有助

於林先生目前所推動的貴我雙方關係。本人請求林先生，將我方的意見轉達給貴國相關單位。

　　我承上級單位的核准，以國家核安全監督委員會副委員長兼原子力工業總局副總局長的名義，向你寫信。並期望將來能與你見面。

　　關於臺電低放射性核廢料運北處理一事，連日來，由於南韓及國內新聞媒體先後報導因受美國方面影響，可能中途生變或中止，真相如何，雖不得而知，但似已引起朝鮮對我相關機關執行決心之疑慮。

　　朝鮮國家核安全監督委員會副委員長柳永贊於 6 月 7 日至 25 日率領 KCC 工作代表團來臺進行臺電低放射性核廢料運北處置之各項工作時，於 6 月 18 日、25 日兩次代表朝鮮政府明確、堅決地表示其處理臺電低放射性核廢料之基本立場。

　　6 月 18 日的說明如下：

　　1.朝鮮政府遵守合約規定，堅持完成本案的立場是不會改變的。朝鮮政府將繼續保持沉默和低調，以避免因為政府間之嚴重對立而橫生枝節，進而影響到本案的進行。國際上不應以朝鮮方面的低調處理而誤解整體情勢的發展。

　　2.南朝鮮政府反對阻撓是基於政治理由，其主要目的是反對並阻止朝鮮和中華民國進行除了本案外的擴大合作。北京方面也很直接的向朝鮮政府表達同樣的疑慮。而朝鮮政府很明白的向對方表明，與臺電的合作案不涉及政府間的合作，

為一單純的商務合作案。

　　3. KEDO 計畫是依據朝美吉隆坡協議而產生的。KEDO 計畫目前是在電廠廠址地質探勘階段,預計今年內可以完成,並開始電廠建設階段的進程。KEDO 的專家已經參觀過平山處置場,瞭解平山處置場在將來接收 KEDO 核電廠廢料的準備情況。朝鮮和臺電的合作案可以協助解決將來 KEDO 核電廠的廢料問題。

　　KEDO 計畫的執行,不會因為臺電合作案而有所改變,中華民國方面對此不用疑慮。

　　4. IAEA、NPT 和其他國際關切的幾個問題:

　　IAEA 人員已在平壤展開核子保防檢查相關工作,朝鮮方面認為只要 IAEA 或其他國際機構不昧於事實,質疑或否定朝鮮的廢料處理能力,朝鮮方面考慮於今年重返 IAEA。

　　NPT 成員經常要求朝鮮就 NPT 問題展開對話,朝鮮方面認為各主要國家若能認清南朝鮮無理阻撓的事實,公平對待本案的純商務合作性質,朝鮮方面願意就 NPT 問題和各國展開對話。

　　為了儘快落實朝鮮吉隆坡協議的相關內容,朝鮮方面希望美國國內各團體以理性的態度,公平的看待朝鮮與臺電的合作案。南朝鮮希望以停止本案來阻撓朝美吉隆坡協議的執行,進而破壞朝美關係,達成其企圖孤立朝鮮的陰謀是很明顯的。

　　朝鮮政府希望國際上對此情勢有正確的判斷和認識。

柳先生於 6 月 25 日再作了以下說明：

1.南朝鮮政府反對阻撓本案進行是基於政治理由，其主要目的是阻止朝鮮政府和外界的一切合作，企圖孤立朝鮮。

朝鮮政府曾表示，願意向南朝鮮政府說明與臺電的合作案對 KEDO 計畫是有幫助的。但南朝鮮政府不願意談，只表示本案是中華民國、南朝鮮和中國之間的事情，其霸道心態由此可知。

2.朝美關係的進展，主要是依據 1994 年 10 月朝鮮和美國簽訂的吉隆坡協議。該協議的主要內容是以 KEDO 的兩座核電廠計畫來停止朝鮮在核能和平用途的研究發展。目前，KEDO 的核電廠計畫已完成廠址探勘作業，IAEA 也恢復了核子保防檢查相關工作，核燃料封存作業也接近完成階段。

但南朝鮮政府意圖藉臺電合作案來破壞吉隆坡協議執行的心態是很明顯的。

3.本案若因南朝鮮政府的破壞而被迫停止，必將升高朝鮮半島的緊張情勢。南朝鮮政府更將藉著情勢的升高，而重新變更 KEDO 計畫，製造更多問題，破壞朝鮮和 IAEA、美國、以及 KEDO 成員國之間的現有關係。

中華民國方面應瞭解南朝鮮心態，不應為其所利用。

朝鮮國家核安全監督委員會委員長（兼原子力工業部部長）李濟善於 7 月 1 日要求臺電核廢料運往朝鮮一案之臺灣代理人鍾文義轉達個人下列訊息，並希望個人能將其再傳達給相關人士。其內容如下：

(一)原能會若以技術原因封殺本案之影響：

　　1.朝鮮已經提出了運送計畫、安全處置設計等文件。特別是朝鮮為了履行本案，已經投入了大量的人力、物力。若原能會以技術原因封殺本案，理由顯然太過牽強，朝鮮會有強烈的被戲弄的感覺。

　　2.本案在簽約後，南朝鮮一直以處置技術不足來攻擊合約雙方，臺電方面也以朝鮮有能力、有技術來回應。本案發展過程中，朝鮮一直對中華民國方面有同仇敵愾的信任，也一直忍受南朝鮮的無理攻擊，這種情況在朝鮮是很少有的。若原能會以朝鮮的處理技術不足而封殺本案，豈不驗證南朝鮮當初的說法。當中華民國重新調整立場，再站回南朝鮮一邊時，朝鮮當會有被嚴重羞辱的感覺。朝鮮更不能忍受的是，這種羞辱是來自中華民國和南朝鮮聯手設計的，朝鮮必定會加以報復，中華民國將無辜的被捲入其中。

(二)以外交或政策理由封殺本案之影響：

　　1.朝鮮認為外交或政策方面之理由，理應在簽約前確定，最起碼不應在朝鮮投入了大量人力、物力和付出了外交代價之後，再通知中止合約。

　　2.朝鮮必將認定，中華民國的立場轉變是因美國與南朝鮮的壓力造成的。中華民國此種因外力干涉而屈就並犧牲朝鮮利益的作法，恐將導致：朝鮮半島的緊張情勢升高，而朝鮮為了扳回顏面，必將採取必要行動，以維護國家尊嚴；朝鮮、美國的吉隆坡協議的執行，將因為互信問題而發生障礙。

KEDO 計畫、四邊會談、NPT 對話、IAEA 核子保防檢查等，都有可能因此而停擺。

㈢針對「臺電公司低放射性核廢料運送及最終處置合約書」之幾項意見：

1. 朝鮮方面為了履行合約，加速進行本案，目前已完成的工作有：

運送計畫、處置場之安全設計等文件已送達臺電，並經臺電內部審查完成，正式提送原子能委員會申請輸入許可。

平山處置場之基本設施正加緊施工中，預計很快就可以完成。

2. 朝鮮方面已經投入大量人力與物力，但本案在送達原能會後，在程序上有不合理之延宕。對此，朝鮮方面深感不安。特別是原能會聲明，審查若有意見將立即封殺本案，使無複審之機會。這種作法實有違審查常理，朝鮮方面聲明：

原能會之審查意見應給朝鮮方面答辯之機會，以符合審查之原則。

原能會之審查意見若朝鮮方面接受，可以作為改善措施並進行再審之程序。

3. 朝鮮方面強調政治歸政治，本案為一商務合約。朝鮮方面為了履行本合約，在各方面已付出了極大的代價。本案在簽約前，朝鮮方面已向臺電說明了安全處置的各項內容。目前，為了配合原能會的審查，平山處置場的基礎建設工作也早已開始。朝鮮為了履行合約，做了充分的準備。原能會

不能因為執行政策，以技術原因封殺本案。朝鮮方面聲明，政治歸政治、商務歸商務，中華民國政府的立場應明白表示。

　　個人以為緩和朝鮮半島的緊張情勢為美、韓兩國共同努力目標，雖然方法不盡相同，但目標是一致的。臺電低放射性核廢料運北處理一事，其對於朝鮮半島之汙染與安全無關已如以前所述，由於南、北韓均為聯合國之會員國，各有獨立的主權與管轄範圍，南韓實不應、亦無權干涉朝鮮之決定與作為。

　　據悉，朝鮮有意重返 IAEA，並就 NPT 問題展開對話一事，係最先向我國表明其計畫，迄未向外面透露。此項事實，應為美國所重視。朝鮮半島緊張情勢升高，對我國雖無不利，但個人認為可就中止臺電低放射性核廢料運北所可能發生之嚴重後果與利弊得失，透過管道向美國、甚至南韓詳為說明，爭取其理解。

　　1999 年元月 28 日國家安全會議朝鮮小組召開會議，朝鮮小組屬任務編組性質，出席者有：總統府秘書長黃昆輝、國安會秘書長丁懋時、國家安全局局長殷宗文、外交部部長胡志強、國策顧問曾永賢及個人等，有關此次會議下章第一節將有詳細說明。

　　同年 2 月 10 日朝鮮親善聯合會社理事長柳昌洙、課長金英海一行到監察院拜會，暢談訪臺心得，似甚感滿意。3 月 23 日朝鮮旅遊總局趙成杰總局長一行來訪，就如何加強雙方觀光旅遊關係交換意見，似充滿期待。

第五節　與南韓協議簽署備忘錄

1999 年 11 月 24 日乘赴韓出席第九屆臺北、漢城論壇研討會之便，在韓國國會友人安排、陪同下，前往國家情報院拜訪院長千容宅，說明臺電低放射性核廢料運往朝鮮處理之相關問題後不久，先因千容宅院長下臺，由林東泰接任，接著有我國總統選舉、南北韓決定舉行高峰會談、南韓舉行國會議員改選、我國新政府接掌政權、南北韓順利舉行高峰會談及離散家族互訪等重大變化，國會友人原邀個人於 2000 年 8 月 22 或 23 日往訪，後突於 13 日來電要求提前於 17 日前往，遂於 17 日動身赴韓，在國會友人陪同下赴有國家情報院別館之稱的洲際飯店 (Intercontinental Hotel) 與主管海外業務之第一次長權振浩會晤，20 日返國，謹將談話重要內容報告李登輝前總統如下：

職先祝賀南北韓高峰會談圓滿成功，離散家族互相會晤，南北韓走向和平統一大道，國情院功不可沒。權次長表示不敢居功，並問到來韓國是否習慣，是否常來，最近一次是何時到朝鮮等等，職表示斷交前每年常來四次左右，斷交後較少，只有兩次左右，到漢城就像回到故鄉一樣熟悉與高興，並謂 1991 年起每年約到朝鮮一次，每次均向他們說明個人對朝鮮半島未來情勢發展的看法，在目前的國際情勢及美軍協防南韓的情形下，像 1950 年的韓戰已不可能再發生，互相對立對雙方均不利，因此必然會逐漸交流與合作，並以大陸開

放臺灣民眾前往探親、觀光、投資所獲得之實際利益為例，促朝鮮早日開放，進行合作，以改善人民生活及國家形象，亦獲得若干善意回應。如數年前朝鮮便曾派員來華與我國銀行簽訂轉匯款合約，朝鮮亦與個人推薦之南韓財團協商前往投資開發金剛山，惜雙方在簽署意願書之前因故喊停；朝鮮請協助其高麗辣椒醬輸入臺灣，經轉介韓國商界朋友，在獲得該國政府同意後，雙方並在臺北會晤、簽訂買賣契約書，朝鮮並同意南韓技術人員前往產地檢驗，亦願介紹彼等與其幕後老闆、即金正日之妹婿張成澤見面等事實，均為促進朝鮮開放，促使南北韓交流為考量之具體事實。

權次長表示沒想到南北韓高峰會談之順利舉行，或許有你的貢獻，並對此表示謝意後謂，聽說我國政府決定與朝鮮延長核廢料合約二年，其實情與用意為何？

職表示個人既非政府主管人員，亦非輸出核廢料之商人，對整個案情並非十分曉解，因於偶然機會得知臺電與韓電每年原舉行交流與合作研討會，中韓斷交後曾中斷過，在恢復舉行後之首次研討會中，韓電私下表示與臺電合作處理低放射性核廢料之意願，個人認為此事不但有利雙方，而且其順利解決對三方均有利，遂以學者身分作研究。據個人所知，朝鮮用以儲存臺電低放射性核廢料之平山為一廢棄之放射性礦區，其放射物仍然存在，既無警戒措施，又無力為附近居民做健康檢查或必要治療，因此儲存臺電低放射性核廢料獲得若干經費後，當可用於周邊之警戒措施與居民之醫療行為，

且就三年輸出六萬桶之代價七千二百萬美元而言，只是現代集團支付朝鮮到金剛山觀光三個月之權利金而已，不致因此而有增加其軍購經費威脅南韓之可能，而且此項費用並非全部給付現金，還建議其提出部分金額作為農業改良之用，如此一來，由於人員交流，勢必逐漸促成朝鮮開放，正符合韓國對朝鮮政策。

　　而且朝鮮對韓國認為其不具處理能力之說法最為不滿，認為有損國家尊嚴，且代臺電處理前朝鮮已有核廢料產生，朝鮮電力開發組織 (KEDO) 建贈兩座輕水式反應爐完工後亦將產生核廢料，現在正可藉機預作準備。經我們勸說後，朝鮮表示此事獲得圓滿解決，將復歸 NPT，並接受 IAEA 之檢查，此事已於朝美會談中得到證實。朝鮮處理臺電低放射性核廢料於朝鮮無害，於南韓有利，南韓何必反對，臺電既然表示續約，當然是希望取得大家理解後，有一天能依合約規定實現，唯據報導目前雙方正在商談中，並非已做決定。

　　權次長表示國際情勢的變化，與每個國家息息相關，許多事情都應考慮對方立場，不可固執己見。

　　職表示就個人瞭解，我國充分考慮韓國立場已如上述，亦請韓國做理智的思考，且據說，朝鮮代表已於 6 月舉行之兩韓高峰會談時之實務者會談中向南韓代表表示，此為一單純之商業行為，朝鮮具有處理能力，南韓代表曾回答表示理解與承認其處理能力，可見其重視程度。稍後在金剛山舉行之部長級會談中，南韓代表且曾表示希望將平山儲存場開發

為區域性儲存場。權次長表示其本人並未掌握此項訊息，當設法確認其事實，果有其事，表示上面有人授意，且經相當的考慮，他將徵求各部會意見後把最後決定透過國會友人告訴個人，必要時亦可再會商。

據友人告稱，去年個人拜訪千院長後，該院曾擬具三個方案，一為堅決反對，二為贊成，三為臺電、韓電合作運往，其中以第三案獲得較多支持云。另據告，國情院所以希望個人提前於 17 日前往，乃因兩韓將於近日再次舉行部長級會談，朝鮮可能舊事重提，所以希望聽取個人說明，以為參考。個人判斷，如實務者會談及部長級會談中確互做討論，此事有透過協商圓滿解決之可能。

2000 年 2 月 19 日朝鮮對外親善聯合總會訪華團一行前來拜會，3 月 23 日高麗民航臺灣區代表張榮勝先生來訪，就朝鮮、臺灣及南韓等相關問題交換意見。

2001 年 5 月 17 日應韓方邀請赴韓，再就有關臺電低放射性核廢料北運事與韓主管機關首長交換意見。南韓原則上默認，並同意將其核廢料共同北運處理，報告經監察院錢復院長函轉國家安全會議，並書面報告李前總統登輝先生交辦事項之處理結果，惜因政權輪替而未能付諸實行，實在可惜。

訪韓期間，韓方安排住漢城萬麗酒店 (Renaissance Seoul Hotel) 總統套房，備受禮遇，5 月 19 日返臺。返國後以〈協商核廢料運往北韓處置節略〉報告致函國家安全會議，內容如下：

(一)背　景

　　自從臺電與「朝鮮電算機中心」(Korea Computer Center，簡稱 KCC) 於 1997 年簽訂低放射性核廢料運往朝鮮做最終處置之合約，引起南韓強烈的抗議，甚至發動抵制與圍剿，使中韓關係陷入困境後，李前總統登輝先生約詢其背景、前因後果及未來可能發展，並囑設法化解後，即遊說韓國友人說服國會有力人士影響權力核心，迄今已逾四年，最近已獲突破性進展。

　　期間曾數度赴韓，先後與安全企劃部（後更名為國家情報院）特補、國情院院長、次長、北韓課長及權力核心之外圍人士、國會安保統一委員會、環境保護委員會、輿論界、學者會晤，渠等對臺電與環保團體、韓電、KEDO、KCC 之合約能協助朝鮮改善其財務窘境、促使朝鮮開放、緩和南北韓關係、解決南韓處置低放射性核廢料之難題等已能理解，5 月 1 日並派人來華就相關問題具體交換意見，渠等返韓後即電邀職及臺電核能後端營運處處長林明雄前往漢城作為期三天二夜之訪問。

(二)南韓關心事項

　　5 月 17 日抵達仁川新國際機場，友人偕同兩名海關官員在機門接機，隨即驅車前往漢城 Renaissance Seoul Hotel 之總統套房，翌日即與有關人士就執行方法反覆進行討論，獲得共識，雙方同意就此項共識徵詢政府決策意見後，再做最後確定。

　　韓方對臺電與朝鮮雙方簽訂合約之背景、主要內容、與各國溝通情形、平山儲存場現況、安全措施、運輸計畫等問題均感興趣，並表示南韓不反對臺電低放射性核廢料運往朝鮮做最終處置，是想幫助朝鮮增加外匯收入，解決其經濟窘境，但他們擔心朝鮮是否會誤以為是我國遊說成功，使南韓改變其原本反對之態度，以及其是否接受韓電的低放射性核廢料運往朝鮮處置等問題。

㈢我方說明內容

　　職表示：

　　臺電與 KCC 簽約事，係因臺電登報公開徵求有意願之適當地點，為朝鮮所悉而自動找上門來，並非因朝鮮窮困早即鎖定朝鮮。

　　合約之最重要內容為將該公司核電廠在運輸、維護及除汙過程中所產生受汙染衣物、廢液殘渣、及過濾器、工具、零組件等予以固體化，放射性強度低且呈半衰期之低放射性核廢料六萬桶，分三年運往朝鮮平山做最終處置，每桶代價一千二百美元。

　　我外交部及臺電除了與關心本案之國家及國際組織保持密切溝通、向各國駐華代表簡報其背景及安全事項外，IAEA 亦已能瞭解。此外，並建議朝鮮於去年兩韓高峰會談時向南韓說明其意願，據悉朝鮮已於雙方實務者會談中提出，南韓亦於稍後舉行之金剛山部長級會談中有所回應。

　　平山儲存場為一廢棄之泥煤礦區，泥煤中含有鈾之成分，

該礦區因受經費限制，原無任何必要之安全設施，臺電給予之經費中當可提撥若干供安全設施與鄰近地區居民之健康檢查及治療費用，且處置場完工後不但可處置朝鮮已有之低放射性核廢料，對國際間組成朝鮮電力開發組織 (KEDO) 建贈之兩座輕水式核能電廠完工運轉後所產生的廢料預作準備，亦為朝鮮解決處置低放射性核廢料之難題，是一種貢獻而非傷害，而南韓為數更多之核廢料亦早已汙染南韓，何必擔心臺電低放射性核廢料會汙染韓國錦繡江山。

安全措施方面，其設計係由朝鮮依相關法規辦理，並採國際上廣為使用之「多重障壁法」，經我國主管機關審核修正後施工，符合 IAEA 及聯合國規定，美國國防部官員及 IAEA 有關人員曾至現場瞭解勘察，並未提出反對意見。

運輸計畫之執行係由 KCC 負責，在蘭嶼裝船時，我政府主管人員會在場監視，航行途中因涉及種種問題可能不便隨船出海外，船抵達朝鮮港口，以及路上運輸和處置現場均會派員監視等。

至於朝鮮是否能瞭解南韓謀求朝鮮增加外匯之苦心，職以過去曾力勸朝鮮會晤離散家族、接受親友捐款、開放金剛山及白頭山（我國稱長白山）等特定地區之觀光，參與經濟建設，輸入朝鮮產辣椒醬等實例保證會向朝鮮當局做清楚說明。同時強力遊說南韓低放射性核廢料運往朝鮮處置，既可化解民眾長期抗爭，亦可節省政府相當經費（按：南韓編列約七億美元作為處置經費），並可增加朝鮮外匯，促其開放，

以緩和兩韓緊張局勢，改善中（臺）韓關係，創造三贏局面，朝鮮既已於實務會談中向南韓提出其意願，已充分表示朝鮮能接受南韓低放射性核廢料之態度。

㈣核電專家認為安全無虞，反對無理

　　最難能可貴的是韓電資深副總經理兼對外事業團長鄭敬南先生是位核電專家，他在談到低放射性核廢料是否汙染環境時堅定地表示，低放射性核廢料是清潔的，不會汙染環境，臺電將其運往朝鮮做最終處置，技術上是安全沒問題的，他想不出韓國有什麼反對的理由。其發言鏗鏘、擲地有聲，使在場人士深感驚訝與敬佩。

㈤南韓不再反對

　　經過反覆討論後，韓方表示不再反對本合約之推行，唯將來在執行過程中會適時表示遺憾，但不會有後續動作，並同時和媒體及環保團體溝通，要求理解政策，全案將於呈報最高當局裁定後再由雙方做最後確認。

㈥請予保密

　　本案為中、韓兩國間最大懸案，事涉高度敏感性，為求結果順利圓滿，在韓國最高當局未做最後裁定、雙方政府未確認彼此態度前，建請仍利用原有管道繼續溝通，並請嚴予保密，以確保協商結果。

　　雙方並草擬由個人及青瓦台政策擔當秘書官(姑隱其名)簽署「臺電低放射性核廢料運往朝鮮做最終處置協商備忘錄」，內容暫定如下：

韓國首席秘書官表示：

大韓民國政府基於協助朝鮮取得外匯，以改善人民生活，經聽取臺灣電力公司對其低放射性核廢料運朝鮮做最終處置之背景、合約內容、與各相關國家之溝通情形、平山處置場之現況、安全措施及運輸計畫等問題之說明後，已能瞭解其不致汙染環境，危害兩韓關係，決定改變其過去反對之立場。政府對此項合約有更深一層之瞭解，也深信臺灣電力公司及朝鮮必將遵守相關規定辦理後，即不再反對本合約之推行，並將此項決定適時知會政府有關機關及新聞媒體和環保團體各負責人員請求配合，唯將來臺電在執行合約過程中，將適時對此表示遺憾，但不會有其他後續動作。

林秋山教授表示：

十餘年來，屢次建議朝鮮當局推動農漁牧改良計畫及觀光事業發展計畫，發展朝鮮經濟，以利民生；並建議朝鮮開放金剛山觀光、離散家族會晤、通信及通匯、加強經貿交流，均已有相當成效，亦為韓國所熟知，今後將繼續加強推動。又說：願繼續促成朝鮮方面充分瞭解韓國政府改變對本案態度是充分的善意行為，是韓國方面支持南北韓和解的重大臺階，使朝鮮方面對南北韓和解有更大更積極的作為。

2002 年 5 月 23 日，韓國民族和解協議會共同議長趙誠宇先生來訪，就臺電低放射性核廢料運往朝鮮做最後處置與南韓同樣核廢料共同運往朝鮮處置，進行最後確認。全案至此雖可圓滿解決，惜因報請裁示時，我國政府高層批示「緩

辦」兩字而回歸原點，能不說可惜嗎？

　　2003 年 10 月 31 日，美國著名學者章家敦 (Gordon Chang) 經我國政府主管機關邀請來訪，就朝鮮半島核武爭論、朝鮮國情與南北韓關係等議題，與個人有廣泛而深入的討論，作為其新著的重要參考。

第十三章　為建立臺朝雙邊關係努力

第一節　朝鮮祖國和平統一委員會擬派代表團訪華

　　1999 年元月初，個人接到朝鮮祖國和平統一委員會來函告知，預訂於 2 月 1 日派海外局長金永振率團來華，與我國就互設辦事處、農業合作及經濟協力等相關問題進行協商，內容相當具體務實。個人隨即簽請核示，國家安全會議於是在元月 28 日召集朝鮮小組會議，討論相關問題，出席者有總統府秘書長黃昆輝、國家安全會議秘書長丁懋時、國家安全局局長殷宗文、外交部部長胡志強、總統府國策顧問曾永賢及個人等，當時簽報國安會的公文內容如下：

　　主旨：為朝鮮訂於二月一日派祖國和平統一委員會海外局長金永振為團長來華與我國就互設辦事處、農業合作及經濟協力等相關問題進行協商，請惠示。

　　說明：

　　㈠日期：暫定二月一日至六日，必要時可延長一至二天。

　　㈡成員：由金永振擔任團長，團員有勞動黨經濟部門負責人（曾任政務院部長）、農業部門負責人（曾任政務院副部長）、及中文翻譯一人。

㈢討論主題:

1.朝方對互設辦事處之構想:

以「平壤、臺北貿易協力促進會」為名,經建議不如以「平壤、臺北聯絡辦事處」或「臺北經濟文化辦事處」為名,對方表示可研究。為提高辦事處功能,擬由勞動黨直接指揮監督。對外以農業與經濟合作為名,實則作為政府間之聯繫與溝通的管道。階段性賦予領事事務功能。

2.農業合作: 生產合作與產銷合作。

3.經濟協力: 加工出口區與工業特區(如科學園區),促進投資(基礎工業的投資合作、資源開發)、貿易。

4.貸款的可能性和條件。

5.與我直接討論核能電廠管理方面合作之可能性。

㈣參訪項目:

1.農業方面: 稻米增產技術、水產養殖、養豬場和養雞場。

2.工業方面: 加工出口區、銀行、關稅與外匯之管理。汽電共生,或其他增加發電能量之技術與設備。

㈤擬聽我方專家對下列問題之說明:

1.臺灣與越南經貿關係發展過程。

2.世銀、亞銀及國際貨幣基金的功能及其對朝鮮的可能影響。

第二節　朝鮮代表團訪華生變

　　雖然國內的接待小組已經組成，會談場所亦已洽妥，但金正日原指派來華商談雙方設立代表機構之訪華團團長金永振局長一行於出發之際，又臨時通知延期，一直到 3 月初才自平壤分梯次出發到北京，再分別轉機到曼谷和新加坡兩地，偽裝成非專為來臺而出國的樣子，以避開中共之耳目。

　　與此同時，又發生朝鮮駐泰大使館科技參事洪淳敬（譯名）一家人失蹤、後來才知道是尋求政治庇護的事件，訪華代表團因而在曼谷候命，結果又改變初衷，折返平壤，可見事情之敏感度及當時中共對我國與朝鮮接觸之嚴重警戒。不久，臺灣因總統、副總統選舉日益接近，平壤方面似有等待我正、副總統選舉揭曉後才談之想法，使兩國設立代表機構之會談又暫時擱置，政權輪替後，新政府自有新的想法與作法，個人負責與平壤當局接觸之任務暫告一段落。

2004 年拜會韓國忠清北道李元鍾知事

出席中國文化大學韓文系系友會餐會

第三節　再度受託協商建立雙邊關係

　　2007 年初，為建立朝鮮半島和平機制，由美、日、韓、中、蘇、朝等六國代表進行之六方會談，現出曙光，我國政府為提早布局以免落後，由外交部亞太司李傳通司長出面，請求與我見面商談協助我國與朝鮮建立關係。個人首先以目前得到政府信任而往來臺北與平壤間已另有其人，予以婉拒，但由於李司長態度懇切，心想既為國家利益，乃答應於 6 月 20 日見面。當時在場作陪的有亞太司韓國科科長胡韻芳及新任命的釜山辦事處處長羅添宏等人，李司長表示這期間雖有人負責其事，但效果不如理想，因請幫忙。個人考慮事情的複雜性與敏感性，因而建議外交部委託單一人員進行，並請提示進行範圍以便接洽。李司長稍後以書面提示之進行範圍為：

　　中華民國（臺灣）政府願與朝鮮民主主義人民共和國發

展實質關係，在先行互設具有特權豁免及領務功能之代表處後，展開以下合作：

一、發展雙邊經貿往來：我方可輸出民生用品、糧食、工業及資訊等產品至朝鮮，朝鮮可輸出礦產品至臺。

二、發展朝鮮觀光：我願與朝鮮開闢海運及空運航線，並鼓勵國人赴朝鮮旅遊，發展朝鮮觀光。

三、人道援助：我方可派遣醫療團及提供朝鮮所急需之藥品。

四、農漁業合作：我方可提供農業技術及進行漁業合作，開發朝鮮所屬之黃海及日本海近海漁業。

五、教育合作：我方願鼓勵學習韓語文師生赴朝進修，並提供獎學金予朝鮮學生來臺進修。

經透過管道把我方的意思傳達給平壤當局，由於個人與朝鮮來往記錄良好，早已獲得當局的信任，並很快指派對我國有相當認識，與我國有良好關係之部長級人士負責，雙方就會商主題交換意見、取得共識後，原已邀請朝鮮代表來臺訪問交換意見，正當該代表抵達新加坡等候我入境簽證時，適逢 2007 年年底我立法委員選舉揭曉，當時的執政黨在選舉中遭逢失敗而改取觀望態度，不久執政黨在總統、副總統選舉中又告失敗而失去政權。政權輪替後，主其事者更迭，與朝鮮發展實質關係、加強交流與合作之議再告中斷。

2008 年 5 月，總統、副總統當選人馬英九、蕭萬長宣誓就職，政權再告輪替。是年 10 月在韓國駐臺北代表部慶祝韓

國國慶酒會上，遇到外交部新任亞太司司長等人，他們仍託我繼續與朝鮮保持密切聯繫，幫助政府早日建立較有實質意義的雙邊關係。由於時期正值朝鮮亦想積極發展經濟，改善人民生活，且兩岸關係亦轉趨和緩之際，經透過管道轉達對方，受到良好回應，認為是應該建立關係，促進交流的時候，並邀我先到平壤商討原則性問題。我也表示願意前往，但建議有個邀請書或類似書函，他們雖贊成，但想不到為了這張邀請書，竟拖延了二年餘的時間。

　　我們從邀請書的內容、那一個機關出面、誰具名、去談些什麼、如何接待、何時成行談起，這些問題看似容易，實有其慎重考慮的一面，等到就這些問題取得共識時，已是2010年了。

　　新年過後，很快忙完了我們一年中最大的節慶——農曆年，不意一艘南韓一千兩百噸級的巡邏艦天安號竟在南、北交界的北方限界線附近白翎島海域爆炸沉沒，造成46名官兵死亡的慘案。雖然韓、美雙方在第一時間都發表聲明，表示與北韓無關，但稍後經過南韓所組成的國際聯合調查團調查結果，卻直指是北韓所為，北韓雖堅決否認，但有如眾口鑠金，百口莫辯。

　　正當天安艦事件所引發的糾紛漸漸沉寂時，一波未平，一波又起，南韓所屬北方限界線附近的延坪島，在毫無預警的情形下遭受北韓炮擊，造成島上軍民四名死亡的嚴重事件，對朝鮮半島的緊張情勢有如火上添油，雙方各自放話、叫囂，

韓、美、日與朝、中、俄之間都出動各型戰機與軍艦，舉行
聯合軍事演習，互不相讓。據報導，美國甚至表示將於亞太
地區布署六艘航空母艦戰鬥群，意欲何為，不得而知，區域
性戰爭大有一觸即發之勢。經過一番折騰，幸而最後大家都
能瞭解戰爭後果的嚴重性，而恢復理性，各自約束自己，一
場災難始能倖免，此時當然不是討論問題的好時機。

在這段時間我們得知，北韓決定以十年的時間全力發展
經濟，減少爭議，也知道他們為準備與我們發展交流與合作
關係，曾徵詢有關國家意見，得到他們的支持與理解。很快
的 2011 年又將過去，就在 12 月 16 日，我得到北韓透過溝通
管道告知，關於我訪問平壤洽談有關問題一案，已奉朝鮮最
高領導人金正日將軍批可，而且他還表示，朝鮮與臺灣發展關
係事關重大，應加強參訪行程，提升層次云，可惜 19 日即公
布金正日猝死的消息，訪問平壤計畫恐又得再延誤些時日了。

第十四章　展望金正恩政權的走向

(一)金正日逝世消息的可信度

去 (2011) 年 12 月 19 日朝鮮突然公布，其偉大的領導人金正日將軍已於 17 日上午八時三十分，因心臟病突發，死於其專用列車上。由於事隔兩日才公布，當地上午八時三十分的氣溫是零下二十六度，且其專用列車經常加掛醫療車廂，以應不時之需，因此有人便據而質疑其可信度，並提出種種疑問。諸如：何以事隔兩天才公布死訊，這兩天他們作了些什麼不可告人之事，上午八時三十分，跟他夜貓子生活習慣不符，零下二十六度的氣溫，他外出幹什麼等等？問我其可信度如何，其實他們懷疑的是金正日將軍可能早就去世了。

我反問他有無足可推翻報導之具體事證？如果沒有，我寧願相信事實就是這樣。

其實就在 12 月 16 日我才透過我的溝通管道得到偉大的領導人金正日將軍已親自核批我到平壤訪問，協商建立關係，發展農漁業交流與合作計畫案的消息。據告，偉大的將軍還指示：朝鮮與臺灣發展關係是一件重大事情，應加強行程安排，提升接待層次等語，可惜他未見成果就先走了，看來我平壤之行，恐怕又得再等等了。

元月 14 日我國總統、副總統投票日當天，我還會晤了一

位因閱讀本書深受感動,「慕名求見」的外國貴賓(姑隱其名),
他說,12 月 15 日晚上他還跟將軍互通電話。

　　我有一名學生參加去年 12 月中旬慈濟到北韓賑災的活
動,他說 17 日當天,他們正在災區賑災時,突然透過廣播預
報上午十時將會有重大消息發布,請大家注意云,想不到所
謂的重大消息竟是將軍辭世的消息。連其長子金正男都說其
父之死,是自然的結果,我們還懷疑什麼呢! 從這些事實看
來,我覺得金正日將軍 12 月 17 日逝世的消息應該是可信的。

㈡民眾流露真情悼念領導人

　　也有人說,民眾聽到　偉大的將軍突然逝世,那種悲傷、
哀痛逾恆的反應是官方的壓力所造成的云,讓我回想起 1994
年其偉大的領袖金日成逝世後的數年間,我幾度到平壤訪問
的往事。

　　當我們抵達北京機場飛往平壤班機的櫃臺前,看到每個
旅客都手持一束白花,面容哀寂,機上播放的盡是哀樂,抵
達平壤時,顧不得天色昏暗,大家直奔錦繡山金日成銅像前
獻花默哀的場面。這種情形,我不得不相信是出自於內心所
流露對領袖的悼念與哀思。

　　我也問過當天參加賑災的同學,當地所看到的情形究竟
如何? 他說:當電臺播出將軍死訊時,一時之間群眾呼天搶
地、紛紛哭倒地上,看不出一點虛情或假意。

　　也有人要我為金正日之死下個定論,我說西方國家似把

他視為妖魔鬼怪般的人物，但朝鮮在列強環伺、周邊國家圍堵的情形下，能周旋於各國之間實非容易，如從其遺訓念念不忘發展輕工業，以改善人民生活一事看來，他是為國為民而死，是鞠躬盡瘁、死而後已之死。至於有人說他極盡奢侈浪費、性好漁色，生活於酒池肉林之間，我認為與西方國家的某些政治領袖比起來，也許還算瞠乎其後。

㈢怪哉！美日韓提高戒備防金正恩動武

　　金正日逝世的消息公布後，美、日、韓一陣錯愕，何以情報機關竟無蛛絲馬跡可尋，一無所知！他們咸認金正恩接班、眾人必然不服，政局不穩，可能會動武以轉移軍民的注意力，並藉以壓制民眾，而紛紛提高戒備，採取必要的應對措施，這不得不說是一個奇怪的想法。監視衛星也好，情報也好，沒有找到破綻，不正表示他們沒有手忙腳亂，故弄玄虛，一切都是正常嗎？難道一定要不正常嗎？

　　金正恩接棒可能不會順利，政局會不穩，還可能因而動武，這不但是一種推測，一種假設，而且認為可能因而動武更是奇怪不合邏輯了。痛失領導中心對北韓來講是負面的影響，想想，如果真是這樣，此時金正恩還能號令軍民，指揮三軍作戰嗎？而且發動攻擊的目的在打敗敵人，贏得戰爭，果如所說，他能嗎？金正恩再笨，都應該考慮到戰爭的結果，而不會於此時輕舉妄動，即便他手握核彈的按鈕，也不保證就能取得勝利，如果戰敗，下場會是怎樣，他應該知道的。

因此，提高戒備，採取應對措施的反而應該是北韓，而非美、日、韓諸國。

㈣朝鮮人民對「三代世襲」的態度

金正日逝世後，由其么兒金正恩接棒，形成三代世襲的局面。世人難免覺得在二十一世紀高度民主化之際，三代世襲能被人民接受嗎？金正恩能順利接棒，會不會因政局不穩而動武以轉移人民注意的焦點？北韓政權會不會因而崩潰？

其實北韓的三代世襲與金正恩的家世有密不可分的關係，依史料記載，金日成的曾祖父金膺禹於 1886 年曾率軍民火燒侵入大同江的美艦 General Sharman 號；祖父金輔鉉、祖母李寶益均為抗日愛國志士；父金亨稷、母康盤石均為民族解放運動先驅、抗日運動家[1]；金日成及其原配金晶淑對國家的貢獻大家都耳熟能詳，金正日的領導與貢獻更不在話下，一門忠良，獻身國家，其家世使人民相信是老天的恩賜與安排，都會樂於接受。

雖然金正男於今年元月 3 日曾以 e-mail 向《東京新聞》稱：「如果有正常思維就很難容忍三代世襲」，又說「不知接受兩年接班人培訓的年輕接班人如何繼承三十七年來的絕對權力」，他又說「年輕的接班人只是象徵性的，而實際繼承父親權力的應該是現有的勢力派」云[2]，說明了金正恩接棒是

---

1 參閱林秋山，〈南北韓關係篇〉，《韓國綜論》（臺北：水牛，1998 年），頁 62；《朝鮮日報》2000 年 10 月 8 日新聞報導。

有一幫人輔佐的奧妙。

其實金正恩的接棒，我早就認為他的周邊會先有些親近的、忠貞的班底協助他、輔佐他。在黨務方面，像其姑丈，勞動黨行政部長張成澤、姑母，勞動黨輕工業部長金敬姬；扶柩的七將，在軍方也有人民軍總參謀長李英浩（六十九歲）、人民武力部部長金永春（七十五歲）、總政治局第一副局長金正閣（七十歲）、國家安全保衛部第一副部長禹東測（六十九歲）；其他方面還有勞動黨中央委員會書記金基南（八十二歲）、最高人民會議議長崔泰福（八十一歲）[3]，他們都是老謀深算的老臣愛將，既幫助他，也牽制他。就像韓戰爆發後，美國第七艦隊協防臺灣一樣，既能阻止外敵侵攻臺灣，也防止國軍攻擊大陸，製造另一場戰爭。因此金正恩雖然年輕，但周邊既有多位年長者協助他，應該不致出太大的差錯。

㈤金正恩的性格與思想

大家對金正恩較擔心的除了年齡太輕外，還有其性格與思想。他在 1990 年代曾到瑞士伯恩的一所公立學校留學，受過民主生活的洗禮，思想中應該含有民主的思想和開放的因素，據該校校長斯杜德接受德國電視臺訪問時表示：「金正恩是個活潑開朗，適應力強，有包容心，並且愛好體育的學生，擅長外語，德語、英語、法語都精通」[4]。

---

2 參閱韓國《東亞日報》，2012 年 1 月 13 日轉載日本《東京新聞》先一天的新聞報導。
3 參閱《中國時報》2011 年 12 月 30 日新聞報導。

從其接班後的某些動作看來，我覺得金正恩應該是一個比較務實、不會計較的人，諸如：

他把金正日時代常說的要把北韓建設成「強盛大國」改稱為「強盛國家」[5]。

他把被認為是天安艦沉沒事件及延坪島炮擊事件的「罪魁禍首」之第四軍軍長金格植排除於國防委員名單、也未能參加悼唁，似有罷黜之意[6]，也表示他重視南韓的感受。

據報導，北韓當局為紀念已故國家主席金日成誕生一百週年，以及已故國防委員長金正日七十冥誕，將自2月1日起大赦罪犯，以彰顯兩位領袖「尊貴、仁慈與博愛的精神」[7]，換取民眾的支持與忠誠。

還有一個我們無法查證的報導說，金正男早於12月17日以假名回到平壤，在金正恩的陪同下向其父親金正日靈前焚香致哀後，又離開平壤。

再從北韓中央電視臺最近出現才二十出頭的女主播，取代王牌主播李春姬那種強有力的雄辯式語氣，改以稍微溫和的朗讀語調播報新聞[8]。

綜上所述，金正恩雖只是二十八歲的年輕人，觀其作為，應該是趨向開放、緩和的。韓國《東亞日報》去(2011)年12

月 26～28 日新年調查中，有百分之五十六・四預測金正恩體制將穩定的維持下去，百分之二十八・九則認為二、三年內就會瓦解，也有百分之五十三・三認為應不受天安艦沉沒、延坪島炮擊事件之影響積極解決南北韓關係[9]，也表示多數韓國民眾支持此種看法。

㈥金正恩政權穩定如昔

　　關於北韓政權的穩定性問題，韓國前六方會談代表、外務通商部次官補（相當於我國之常務次長）李秀林在其新著「北韓是現實的」一書中，簡單扼要地指出「北韓政權是不會崩潰的」，「北韓是不會放棄核武的」，又說「中國是不會拋棄北韓的」[10]。

　　北韓政權不會崩潰之重要理由如下：

　　首先是南、北韓的分裂是經過國際間數百年醞釀才形成的。早在 1592 年壬辰倭亂時，日本出兵進攻朝鮮，朝鮮節節敗退，明派兵支援朝鮮，兩軍於漢江僵持不下，日軍指揮官便向明援軍司令建議以漢江為界，分割為南、北韓，各取所需，為明所拒[11]，以後日、俄間曾數度謀議分割南北韓不成。日本併吞朝鮮，發動第二次世界大戰失敗後，終由美、蘇兩國分別派兵進駐南、北兩地，而形成今日分裂局面。可見統一的韓國

---

9 參閱韓國《東亞日報》2011 年 12 月 29 日新聞報導。

10 參閱韓國《朝鮮日報》2000 年 10 月 8 日新聞報導。

11 韓國李弘稙，《國史大事典（下）》（漢城：知文閣），頁 1281–1284。

易引起列強諸國的覬覦，分裂較能符合各國利益，有助維持國際和平。目前列強諸國對朝鮮半島都以安定與和平為主要政策，「安定」就是沒有變化，就是維持分裂現狀，「和平」就是沒有戰爭，沒有戰爭而求南、北韓能和平統一，實非容易。

其次北韓內部組織嚴密、控管嚴格是眾所周知的事實，因此內部發生變亂的機會不大，據韓國研究院和《朝鮮日報》今年 1 月 18 日在漢城聯合舉辦「後金正日時代、北韓形勢和國際合作」研討會上，韓國專家普遍認為金正恩體制發生變化的可能性小，而外國學者則認為北韓發生「突變」的可能性大[12]。外國學者的看法似不無隔靴搔癢之感。

統一研究院資深研究員朴洞重說：「北韓既得利益群體認為接班人金正恩最安全地保障他們的既得權力，因此會忠於金正恩，加上他掌控公安和監察部門，很難有人能謀反」。世宗研究所首席研究員鄭成長也表示：「金正恩兼備金日成親民本色和金正日權威主義的領導力，不能以『太年輕』的成見看待」。俄羅斯世界經濟國際關係研究所副所長瓦西里‧米赫耶夫則表示：「金正恩是個協調北韓主要幫派群體利益的臨時性人物，其政權持續三、五年的可能性都不大」[13]。

最後是外力干預或影響政局穩定的問題。朝鮮半島由於戰略地位的重要性，國際間早即謀議予以分裂，而今既已分裂，欲改變此種事實，如非國際關係有重大變化恐非容易。

---

[12] 參閱《朝鮮日報》2012 年 1 月 18 日新聞報導。

[13] 參閱同上。

如果外力造成其崩潰使金正恩失勢，必有人取而代之，而新
的統治者是否一定優於金正恩、是否一定比金正恩容易溝通、
駕馭，需作慎密考慮；如果由南韓吸收統一，又回歸國家統
一時代，必為列強所不願；如果不幸成中國或俄羅斯的附庸
國，亦必為民主陣營所不樂見，因此外力促使政權崩潰的可
能性並不大。

(七)開放改革需誘導、鼓勵和協助

金正恩接棒後，能否採取開放改革、重視民生經濟的政
策？這是大家關注的問題。我覺得北韓早在 1980 年代起就準
備開放了，當時他們所興建的觀光飯店客房數幾跟臺北市的
不相上下，也訂定合營法、外國人投資法，設立對外聯絡部，
對南韓改採「宥和策」，進行各種會談，舉辦離散家族故鄉訪
問團暨藝術公演團互訪，1984 年京畿一帶發生百年難得一見
的大水災時，還提供價值三千萬美元的米、布料、水泥、藥
品……等物資賑災[14]。但當時的南韓領導人全斗煥、盧泰愚
等危言聳聽，認為水是從金剛山水庫放出來的，北韓在進行
水攻，因此發起募款運動，要興建「平和水庫」以收納金剛
山水庫的水，如今不但「平和水庫」不見蹤影，數百億捐款
亦不知去向。

韓國成功舉辦 1988 年的漢城奧運，獲得空前成功後，名

---

[14] 參閱林秋山，〈南北韓關係篇〉，《韓國綜論》(臺北：水牛，1984 年)，頁 88、96-97、
127。

利雙收，佳評如潮，國際地位節節上升，加以東歐共黨國家紛紛改弦易轍，又先後與蘇聯、中國建交，南韓情勢被看好，很多人都認為如此下去，不久南、北有統一的可能，南韓也躁急地高喚西元 2000 年前可完成國家統一的目標，如果南韓統一，北韓就消失了，為此北韓乃積極、加強研製核子武器，雙方爭端再起，遂形成今日局面。

我覺得北韓的開放與改革是需要周邊國家的誘導、鼓勵和支持的，必需互相自我克制和釋出善意才行。我們再看看兩韓領袖的新年賀詞：李明博總統說，如果北韓膽敢挑釁，必予迎頭痛擊；金正恩大將軍也說，南韓如敢越雷池一步，必把漢城燒成一片火海，這些廢話都是對未來的假設而已，都是放話與嗆聲而已，這種話多講無益，都把它吞下去吧！

此外，像當年美國國務卿季辛吉所提出的交叉承認，原來是南、北韓同時與中、蘇、美、日建交，後來盧泰愚前總統退讓為「時差式的交叉承認」，即南韓願意讓北韓先與美、日建交後，再與中共、蘇聯建立外交關係，結果卻變成南韓與中、蘇建交二十年後，北韓與美、日兩國的外交關係至今猶遙不可及，這對北韓不能不說是一種失敗、挫折或打擊。

總之，在列強對北韓採取圍堵政策的情形下，欲其開放改革，實非容易，但因金正日一再指示發展輕工業以改善人民生活；在北韓誓言十年內減少爭端，以發展經濟的政策目標下，如能酌情釋出善意，給予誘導、鼓勵和協助，應能促其走向開放改革之大道。

第十五章　結　語

二十年來在與朝鮮接觸的期間中，個人得到一些心得，特提出來與關心此事的好朋友分享。

我覺得認識一個人已屬不易，認識一個國家更非容易，以朝鮮的情形來講，在其國家主席金日成逝世當時，對其死因便有種種不同的報導與說法，但都無法提出更具體之事證取信讀者，對其逝世後金正日未即時繼位問題傳言更多，或謂內部鬥爭，或謂兄弟鬩牆，或謂患有羊癲瘋，或謂酗酒、沉迷酒色等等，不一而足。然而觀其掌權後之表現，民主、人權方面雖有欠缺，但他冷靜風趣，鮮有人批評其執政能力，其角色雖不為民主國家喜愛，卻也不能不說有其成功所在。至於糧食不足，致餓死三百餘萬人之說，歷久不衰，更令人感到難以相信，縱其糧食不足為事實，但是否致餓死近七分之一人口之程度，實無法不感到懷疑，因此一切要以眼見為憑，否則不足採信。

金正日猝死，由其三男金正恩接棒之際，民主國家亦一如往昔，紛紛預言其不能順利接棒，導致政局不穩，而會動武以轉移軍民注意力的焦點，作為威壓人民，壓制人民的藉口云云，並因而紛紛提高戒備，採取必要的因應措施，但事實證明這不但是外行人的想法，也是一場笑話而已。

　　其次是機會稍縱即逝，機會來臨時要能把握機會，失去這次機會，不知道還要再等多久。南韓與中共建立外交關係後，我國與北韓交流時機難得，例如1992年12月朝鮮代表團、高麗民族產業發展協會理事長崔鼎根率團來華，就建立實質關係進行會談，簽署備忘錄，並隨即邀請外交部政務次長章孝嚴前往參訪，繼續就建立雙方實質關係進行磋商，而我國竟因為路途遙遠，認為無此需要，放棄前往磋商良機，不能不說可惜。像南韓與中共建交而給北韓的不信任感與打擊，經過一段時間後便會設法彌補、改善而恢復，這種機會實在難求。

　　再其次，跟任何一個國家建立實質關係都與國家安全、政治外交、經濟貿易、教育文化等等有關，各機關如堅守本位主義或個人意見，缺少整體觀念，便會互相抵消而難竟其功，故需要有人做整合性工作，後來的國安會朝鮮小組雖具有此項意義與功能，但似有為時稍晚之感。

　　最後是對話窗口單一化問題。很多事情看起來雖似容易，做起來實在困難重重。就與朝鮮建立之實質關係而言，有直接關係者，有間接關係者；有實事求是者，有空口說白話者；有以國家利益為重者，有追求私人名利者；如何知人善任便是一大考驗，否則一些八卦新聞便會興風作浪，令人膽怯心驚，望而卻步，而影響國家利益，失去為國服務的機會。

　　在與朝鮮接觸謀求雙方發展實質關係的這段時間，個人深深覺得大家對其瞭解不夠，而且持有色眼鏡看待者，不在

少數，而朝鮮對外部世界之瞭解亦嫌不足，而產生彼此間之誤會。如何避免因誤會產生衝突，最好的辦法就是事前的溝通、公開事實真相。前面提到我國低放射性核廢料運往北韓一事，如早把真相與構想告知南韓，也許不會造成那麼大的風波；朝鮮購買報廢航空母艦拆解成廢鐵或改裝為觀光遊覽船，竟被誤會為武裝攻擊南韓之用，也是如此。有人問我，重開六方會談，朝鮮之承諾可信乎？個人之答覆是那一個國家的承諾可信？朝鮮電力發展組織構成國之承諾似同樣不可信，原定 2003 年完工啟用之兩座輕水式核子反應爐蹤影何在？世人何以只指責朝鮮而不說說其他諸國呢？吾人如要朝鮮半島永保和平，便須自我檢討、自我改進與自我克制。

我們說，蓋棺論定，意思是說，一個人的所作所為，其成敗、是非、甚至是輸贏，要等到死後才能下結論，實際上死後還不夠，要有更長的時間觀察、瞭解才能做判斷。韓國前總統朴正熙便是最好的例子。他在位時，人民群起反對、示威、抗爭，死後卻在韓國有關歷任總統對國家民族貢獻最大的民意調查中獨占鰲頭，個人獨得百分之七十上下的支持度，可見民眾的看法有多大的改變！再者，今 (2011) 年正值韓國軍事革命五十週年之際，韓國政黨協會與《朝鮮日報》以「516 五十週年——對朴正熙的評價」為題的民意調查顯示，百分之八十三的受訪者肯定其對國家整體發展的貢獻，百分之九十二肯定其對經濟的貢獻。當年反對朴正熙的人，可能需要重新思考了。

　　本書提到的我國與朝鮮關係之發展及臺電低放射性核廢料運北做最後處理二件事情，有些類似，從某個角度來看，我們未能履約、實現，是輸的一方，但從另一個角度看來，有人失去了開放朝鮮、緩和朝鮮半島緊張局勢之機會，誰的損失更大呢？

　　二十餘年來，我曾在子夜冒著寒風細雨，向「偉大的領袖金日成同志」銅像獻花致敬，曾經甘冒因無法取得再入境簽證而可能需長期滯留在北韓的危險，也曾經在冷徹心肺的異國歡度我一生只有一次的六十歲生日。為此，特將過去種種記錄下來，供關心人士參考，方便後繼者推動計畫。

附　錄

朝鮮民主主義人民共和國社會主義憲法

　　1972 年 12 月 27 日朝鮮民主主義人民共和國第五屆最高人民會議第一次會議通過，1992 年 4 月 9 日第九屆第三次會議修改，1998 年 9 月 5 日第十屆第一次會議修改補充，2009 年 4 月修改補充。

目　錄

序　言

　　朝鮮民主主義人民共和國是體現了偉大領袖金日成同志

的思想和領導的主體性社會主義國家。

　　偉大領袖金日成同志是朝鮮民主主義人民共和國的創建者，是社會主義朝鮮的始祖。

　　金日成同志創立了永恆不滅的主體思想，在此旗幟下組織和領導了抗日革命鬥爭，樹立了光榮的革命傳統，完成了光復祖國的歷史大業，在政治、經濟、文化和軍事領域奠定了建設自主獨立國家的堅固基礎，並在此基礎上建立了朝鮮民主主義人民共和國。

　　金日成同志提出了主體性革命路線，英明地領導了各階段的社會革命和建設事業，把共和國加強和發展成為以人民群眾為中心的社會主義國家，自主、自立、自衛的社會主義國家。

　　金日成同志闡明了國家建設和國家活動的根本原則，確立了最優越的社會制度和政治方式、社會管理體系和管理方法，打下了保證社會主義祖國的繁榮昌盛和繼承，並完成主體革命事業的堅固基礎。

　　金日成同志把「以民為天」作為座右銘，一向和人民在一起，為人民獻出了一生，以崇高的仁德政治關愛和領導人民，把全社會變成一個緊密團結的大家庭。

　　偉大領袖金日成同志是民族的太陽，祖國統一的救星。金日成同志提出把統一祖國作為民族至高無上的任務，並為其實現而嘔心瀝血。金日成同志把共和國建設成祖國統一的強大堡壘，同時，提出祖國統一的根本原則和途徑，把祖國

統一的運動發展成為全民族運動，開闢了用全民族團結的力量，完成祖國統一大業的道路。

偉大領袖金日成同志闡明了朝鮮民主主義人民共和國對外政策的基本理念，並以此為基礎，擴大和發展國家的對外關係，大大提高共和國的國際地位。金日成同志作為世界政治的元老，開創了自主的新時代，為加強和發展社會主義運動和不結盟運動，為世界和平與各國人民之間的友誼，進行積極活動，為人類的自主事業做出不可抹滅的貢獻。

金日成同志是思想理論和領導藝術的天才，是百戰百勝的鋼鐵統帥，是偉大的革命家、政治活動家和偉人。

金日成同志的偉大思想和領導業績，是朝鮮革命的法寶，是朝鮮民族主義共和國繁榮昌盛的根本保證。

朝鮮民主主義人民共和國和朝鮮人民將在朝鮮勞動黨的領導下，擁戴偉大領袖金日成同志為共和國的永恆主席，維護、繼承並發展金日成同志的思想和業績，把主體革命事業進行到底。

朝鮮民主主義人民共和國社會主義憲法，是把偉大領袖金日成同志的主體國家建設思想和國家建設業績加以法律化的金日成憲法。

第一章　政　治

第一條　朝鮮民主主義人民共和國是代表全體朝鮮人民利益的自主性社會主義國家。

第二條　朝鮮民主主義人民共和國是繼承在反對帝國主義侵略、爭取祖國光復和人民自由幸福的光榮革命鬥爭中形成的光輝傳統的革命的國家。

第三條　朝鮮民主主義人民共和國以主體思想、先軍思想、以人為中心的世界觀、為實現人民群眾的自主性的革命思想，作為自己活動的指導方針。

第四條　朝鮮民主主義人民共和國的權利屬於工人、農民、軍人、勞動知識分子等所有勞動人民。

　　　　勞動人民透過自己的代表機關——最高人民會議和地方各級人民會議行使權力。

第五條　朝鮮民主主義人民共和國的一切國家機關根據民主集中制原則組成並進行活動。

第六條　從郡人民會議到最高人民會議，各級國家權力機關根據普遍、平等、直接的原則，以秘密投票方式選舉產生。

第七條　各級國家權力機關的議員同選民保持密切關係，並對選民負責。議員失職時，其選民可隨時予以罷免。

第八條　朝鮮民主主義人民共和國的社會制度，是勞動人民做一切的主人，社會的一切都為勞動人民服務的以人為中心的社會制度。

　　　　國家維護從剝削和壓迫下獲得解放，作為國家和社會主人的工人、農民、軍人、勞動知識分子等所有勞動人民的利益，並尊重其人權。

第九條　朝鮮民主主義人民共和國為在祖國北部加強人民政

權，大力展開思想、技術、文化三大革命，實現社會主義的完全勝利而奮鬥；並為按照自主、和平統一、民族大團結的原則實現祖國的統一而鬥爭。

第十條　朝鮮民主主義人民共和國建立在以工人階級領導的工農聯盟為基礎的全國人民思想政治的統一之上。國家加強思想革命，實現社會所有成員的革命化和工人階級化，使全社會變成一個同志式地結合在一起的集體。

第十一條　朝鮮民主主義人民共和國在朝鮮勞動黨的領導下進行一切活動。

第十二條　國家堅持階級路線，加強人民民主專政，牢牢地保衛人民政權和社會主義制度免受內外敵對份子的破壞。

第十三條　國家堅持群眾路線，在一切工作中貫徹青山里精神和青山里方法：上級幫助下級，深入群眾找出解決問題的途徑，使政治工作、做人的工作先行激發群眾的積極性。

第十四條　國家大力展開爭取三大革命紅旗等群眾運動，最大限度的加速社會主義建設。

第十五條　朝鮮民主主義人民共和國保護旅外朝僑的民主民族權利和國際法規定的合法權益。

第十六條　朝鮮民主主義人民共和國保障外國人在我國境內的合法權益。

第十七條　自主、和平、友誼是朝鮮民主主義人民共和國對外政策的根本宗旨和對外活動原則。國家根據完全平等、

自主、互相尊重、互不干涉內政和互利的原則，同一切
友好對待我國的國家建立國家關係或政治、經濟、文化
關係。國家加強同維護自主性的世界人民團結，反對一
切形式的侵略和干涉他國內政，積極支持和聲援各國人
民為維護國家的主權、實現民族與階級的解放而進行的
鬥爭。

第十八條　朝鮮民主主義人民共和國的法律，是勞動人民的
意志和利益的表現，是管理國家的基本武器。尊重並嚴
格遵守和執行法律，是所有機關、企業、團體和公民的
義務。國家完善社會主義法律制度，加強社會主義守法
生活。

第二章　經　濟

第十九條　朝鮮民主主義人民共和國建立在社會主義生產關
係和民族自立經濟基礎之上。

第二十條　在朝鮮民主主義人民共和國，由國家和合作社佔
有生產手段。

第二十一條　國家所有制是全民所有制。國家所有範圍不受
限制。國家的一切自然資源、鐵路、航空、運輸、郵電
和重要工廠、企業、港口、銀行只歸國家所有。國家優
先保護和發展在國家的經濟發展中起主導作用的國家所
有制。

第二十二條　合作社所有制是加入合作社的勞動者的集體所

有制。土地、農業機械、船舶和中小型工廠、企業可以歸合作社佔有。國家保護合作社所有制。

第二十三條　國家提高農民的思想覺悟和技術文化水準，按照加強全民所有制對集體所有制領導作用的方向，有機地結合兩種所有制，改進對集體經濟的領導和管理，以鞏固和發展社會主義集體經濟制度；根據合作社全體成員的意願，逐步把合作社所有制轉變為全民所有制。

第二十四條　個人所有是屬於公民個人的，以個人消費為目的之佔有。個人所有，由社會主義按勞動分配和國家、社會提供的福利待遇構成。由宅旁園地和居民個人經營的副業所生產的產品以及透過其他合法的經營活動所得的收入，也屬於個人所有。國家保護個人所有，並依照法律保障其繼承權。

第二十五條　朝鮮民主主義人民共和國以不斷提高人民的物資及文化生活水準作為自己活動的最高準則。在已廢除租稅的我國，不斷創造的社會物資財富完全用來提高勞動者的福利待遇。國家為所有勞動者提供吃、穿、住所需的一切條件。

第二十六條　朝鮮民主主義人民共和國建立的民族自立經濟，是人民社會主義生活幸福和祖國繁榮富強的堅固基礎。國家堅持社會主義民族自立經濟建設路線，促進國民經濟主體化、現代化和科學化，為把國民經濟發展成為高度發達的主體經濟，奠定與完全的社會主義社會相

適應的物質技術基礎而奮鬥。

第二十七條　技術革命是社會主義經濟發展的關鍵。國家進行一切經濟活動時，始終把技術發展問題放在首位，促進科學技術發展和國民經濟的技術改造，大力開展群眾性技術革新運動，從繁重的體力勞動中解放勞動者，逐步縮小體力勞動和腦力勞動之間的差別。

第二十八條　國家為消滅城鄉差別、工農差別而促進農業技術革命，實現農業的工業化和現代化，並增強郡的作用，加強對農村的領導和幫助。國家用國家資金為合作農場建設生產設施和農村新式住宅。

第二十九條　社會主義是依靠勞動人民之創造性的勞動建設。在朝鮮民主主義人民共和國，勞動是從剝削壓迫中獲得解放的勞動者自主性和創造性的勞動。國家使不知失業為何物的我國勞動者的勞動變成更加愉快地為社會、集體和自身發揮積極性和創造性的豪邁勞動。

第三十條　勞動者的一天工作時間是八小時。國家根據勞動者的繁重程度和其他特殊情況，酌情縮短勞動者的工作時間。國家做好勞動組織工作，加強勞動紀律，保證勞動者充分利用工作時間。

第三十一條　朝鮮民主主義人民共和國國民開始參加勞動的年齡是十六歲。國家禁止不到勞動年齡的少年從事勞動。

第三十二條　國家領導和管理社會主義經濟中，堅持政治領導同經濟技術指導密切結合、國家的統一領導同各個單

位的創造性密切結合、統一指揮同民主密切結合、政治
道德鼓勵同物質鼓勵密切結合的原則。

第三十三條 國家運用依靠生產者的集體力量科學地合理地
管理經濟的社會主義經濟管理形式──大安工作體系和
以企業式方法領導農業的農業領導體系,領導和管理經濟。

第三十四條 朝鮮民主主義人民共和國的國民經濟是計劃經
濟。國家在經濟管理中,按照大安工作體系的要求實施
經濟核算制,正確利用成本、價格、營利等經濟槓桿。
國家根據社會主義經濟發展規律制定並執行國民經濟發
展計畫,以保證累積和消費的適當比例,促進經濟建設,
不斷提高人民生活,加強國防力量。國家實行計畫的一
元化和細部化,保證生產的高速度增長和國民經濟的按
比例發展。

第三十五條 朝鮮民主主義人民共和國根據國民經濟發展計
畫,編制和執行國家預算。國家在所有領域開展增產節
約運動,嚴格實行財政監督,有計畫地增加國家積累,
擴大和發展社會主義所有制。

第三十六條 朝鮮民主主義人民共和國的對外貿易由國家或
合作社進行。國家根據完全平等和互利的原則發展對外
貿易。

第三十七條 國家鼓勵我國的機關、企業、團體同外國的法
人或個人進行企業合營或合作,並鼓勵在經濟特區創辦
各種企業。

第三十八條　國家為保護民族自立經濟，實行關稅政策。

第三章　文　化

第三十九條　朝鮮民主主義人民共和國繁榮發展的社會主義
　　　　　　文化，為提高勞動者的創造力，滿足健康的文化生活需
　　　　　　要服務。

第四十條　朝鮮民主主義人民共和國徹底進行文化革命，把
　　　　　　所有人都造就成為具有淵博的自然與社會知識和高度文
　　　　　　化技術水準的社會主義建設者，實現全社會的知識分子化。

第四十一條　朝鮮民主主義人民共和國建設為社會主義勞動
　　　　　　者服務的真正具有人性的革命文化。國家在建設社會主
　　　　　　義民族文化中，反對帝國主義的文化滲透和復古主義傾
　　　　　　向，保護並根據社會主義現實繼承和發展民族文化遺產。

第四十二條　國家在一切領域清掃舊社會的生活方式，全面
　　　　　　確立新的社會主義生活方式。

第四十三條　國家運用社會主義教育學的原理，把後代培養
　　　　　　成為為社會和人民而奮鬥之堅定的革命者，智、德、體
　　　　　　全面發展的主體性新人。

第四十四條　國家保證人民教育事業和幹部培訓工作走在其
　　　　　　他一切工作的前面，做到一般教育與技術教育、教育與
　　　　　　生產勞動密切結合。

第四十五條　國家根據現代科學技術的發展趨勢和社會主義
　　　　　　建設的現實需要，在高水準上發展包括為期一年的學前

義務教育在內之普遍的十一年制義務教育。

第四十六條　國家發展全日制教育體系和各種形式的邊工作邊學習的教育體系，提高技術教育、社會科學教育、基礎科學教育的科學理論水準，以培養得力的技術人才和專家。

第四十七條　國家對所有學生實行免費教育，對大學和專科學校實行獎學金制度。

第四十八條　國家加強社會教育，為所有勞動者創造各種學習條件。

第四十九條　國家用國家和社會的資金在托兒所和幼稚園撫育學前兒童。

第五十條　國家在科學研究工作中樹立主體，積極吸收先進科學技術，開拓新的科學技術領域，把國家的科學技術提高到世界水準。

第五十一條　國家建立正確制訂並切實完成科學技術發展計劃的秩序，加強科學工作者、技術人員和生產者的創造性合作。

第五十二條　國家發展具有民族形式和社會主義內容的主體性的革命文學藝術。國家鼓勵創作家、藝術工作者大量創作思想性強、藝術性高的作品；鼓勵廣大群眾參加文藝活動。

第五十三條　國家根據人們要在精神上、體質上不斷發展的要求，充分提供現代化文化設施，使所有勞動者充分享

受社會主義文化生活。

第五十四條　國家保護我們的語言不受任何形式的扼殺民族
　　　　　語言的陰謀活動的影響，並根據時代的要求加以發展。

第五十五條　國家實行體育大眾化和生活化，使全體人民為
　　　　　從事勞動和獻身國防做好準備，並根據我國國情和現代
　　　　　體育技術發展趨勢發展體育技術。

第五十六條　國家鞏固和發展普遍的免費醫療制度，加強醫
　　　　　生分區負責制和預防醫學制度，保護人民的生命，增進
　　　　　勞動者的健康。

第五十七條　國家使環境保護措施先行於生產，保護和改善
　　　　　自然環境，防止環境汙染，為人民創造文明衛生的生活
　　　　　環境和勞動條件。

第四章　國　防

第五十八條　朝鮮民主主義人民共和國實行全民性、全國性
　　　　　防衛體系。

第五十九條　朝鮮民主主義人民共和國武裝力量的使命在於
　　　　　貫徹先軍革命路線、保衛革命首腦，是維護勞動人民的
　　　　　利益；保衛社會主義制度和革命勝利果實，使其免受外
　　　　　來侵略；捍衛祖國的自由、獨立與和平。

第六十條　國家在從思想政治上武裝軍人和人民的基礎上，
　　　　　貫徹以全軍幹部化、全軍現代化、全民武裝化和全國要
　　　　　塞化為基本內容的自衛性軍事路線。

第六十一條　國家在軍隊內建立革命性領軍體系和軍中風
　　　　氣，加強軍事紀律和群眾紀律，高度發揚官兵一致、軍
　　　　政配合、軍民一致的崇高的傳統風尚。

第五章　公民的基本權利和義務

第六十二條　朝鮮民主主義人民共和國的公民，其條件依照
　　　　國籍法規定。公民無論居住何地，都受朝鮮民主主義人
　　　　民共和國的保護。

第六十三條　朝鮮民主主義人民共和國公民的權利和義務，
　　　　以「一人為全體，全體為一人」的集體主義原則為基礎。

第六十四條　國家切實保障所有公民享有真正的民主權利和
　　　　自由以及幸福的物質文化生活。朝鮮民主主義人民共和
　　　　國公民的權利和自由，隨著社會主義制度的鞏固和發展
　　　　不斷擴大。

第六十五條　公民在國家社會生活的所有領域都享有平等的
　　　　權利。

第六十六條　十七歲以上的所有公民，不分性別、民族、職
　　　　業、居住期限、財產狀況、文化程度、所屬政黨、政見
　　　　以及宗教信仰，都有選舉權和被選舉權。在軍隊裡服役
　　　　的公民也有選舉權和被選舉權。經法院判決被剝奪選舉
　　　　權的人和有精神病的人不得享有選舉權和被選舉權。

第六十七條　公民有言論、出版、集會、示威和結社的自由。
　　　　國家提供民主政黨、社會團體自由活動的條件。

第六十八條　公民有宗教信仰自由。這一權利以允許建設宗
　　　　　教建築、舉行宗教儀式等來保障。不得利用宗教引進外
　　　　　來勢力或破壞國家社會秩序。

第六十九條　公民可以請願和提出申訴、控告。國家對請願、
　　　　　申訴和控告，必須按照法律規定公正地進行審理。

第七十條　公民有勞動的權利。所有有勞動能力的公民都有
　　　　　權根據自己的願望和才能選擇職業，由國家保障安定的
　　　　　工作崗位和工作條件。公民盡所能地工作，按勞動的數
　　　　　量和質量獲得報酬。

第七十一條　公民有休息的權利。這種權利，由工作時間制
　　　　　度、公休日制度、工資照發的休假制度和用國家費用進
　　　　　行靜養與休養的制度，以及不斷增加的各種文化設施等
　　　　　來保證。

第七十二條　公民享有免費醫療的權利；因年老、疾病或殘
　　　　　廢而喪失勞動能力的人，以及無人照顧的老人、兒童，
　　　　　有獲得物質幫助的權利。這種權利由免費醫療制度、不
　　　　　斷增加的醫院和療養所等醫療設施、國家的社會保險和
　　　　　社會保障制度來保證。

第七十三條　公民有受教育的權利。這種權利由先進的教育
　　　　　制度和國家的全民性教育政策來保證。

第七十四條　公民有從事科學技術及文學藝術活動的自由。
　　　　　國家對發明家和作合理建議者予以關懷。著作權、發明
　　　　　權和專利權受法律的保護。

第七十五條　公民有居住、旅行的自由。

第七十六條　革命老戰士、革命烈士和愛國烈士的家屬、人民軍軍人家屬、榮譽軍人，受國家和社會的特別保護。

第七十七條　婦女享有同男子平等的社會地位和權利。國家透過保障產前產後休假，縮短多子女母親的工作時間，婦產醫院、托兒所和幼兒園網及其不斷擴充以及其他各種措施，特別保護母親和兒童。國家為婦女創造參加工作的一切條件。

第七十八條　婚姻和家庭受國家的保護。國家對於社會的基層生活單位──家庭的鞏固，予以深切的關注。

第七十九條　公民的人身和住宅不受侵犯，通信秘密受到保護。非透過法律程序，不得扣留或逮捕公民，不得搜查住房。

第八十條　朝鮮民主主義人民共和國對因進行爭取和平與民主、民族獨立與社會主義，以及爭取科學文化自由的鬥爭而被迫逃亡到我國的外國人，給予保護。

第八十一條　公民必須堅決維護人民政治思想上的統一與團結。公民必須珍視組織和集體，高度發揚為社會和人民忘我工作的作風。

第八十二條　公民必須遵守國家法律和社會主義生活規範，維護朝鮮民主主義人民共和國公民的榮譽和尊嚴。

第八十三條　勞動是公民的神聖義務和榮譽。公民必須自覺地誠實地參加勞動，嚴格遵守勞動紀律和工作時間。

第八十四條　公民必須愛護國家財產和合作社財產，同一切貪汙、浪費現象作鬥爭，以主人翁的態度管理好國家經濟生活。國家和合作社的財產神聖不可侵犯。

第八十五條　公民要始終提高革命警惕，為國家的安全忘我鬥爭。

第八十六條　保衛祖國是公民最神聖的義務和最大的光榮。公民必須保衛祖國，必須依照法律規定服兵役。

第六章　國家機構

第一節　最高人民會議

第八十七條　最高人民會議是朝鮮民主主義人民共和國的最高國家權力機關。

第八十八條　最高人民會議行使立法權。最高人民會議閉會期間，其常任委員會也可以行使立法權。

第八十九條　最高人民會議由根據普遍、平等、直接選舉的原則透過秘密投票方式選出的議員組成。

第九十條　最高人民會議任期五年。最高人民會議的下屆選舉，在最高人民會議任期屆滿以前依照最高人民會議常任委員會的決定舉行。因為特殊原因不能如期舉行選舉時，其任期延長到舉行選舉時為止。

第九十一條　最高人民會議行使下列職權：

一、修改並補充憲法；

二、通過或修改並補充部門法；

三、 批准最高人民會議常任委員會在最高人民會議閉會
　　 期間通過的重要部門法；

四、 制定國家對內對外政策的基本原則；

五、 選舉或罷免朝鮮民主主義人民共和國國防委員會委
　　 員長；

六、 選舉或罷免最高人民會議常任委員會委員長；

七、 根據朝鮮民主主義人民共和國國防委員會委員長的
　　 提名，選舉或罷免國防委員會第一副委員長、副委
　　 員長和委員；

八、 選舉或罷免最高人民會議常任委員會副委員長、名
　　 譽副委員長、秘書長和委員；

九、 選舉或罷免內閣總理；

十、 根據內閣總理的提名，任命內閣副總理、內閣各部
　　 門委員長、相和其他內閣成員；

十一、 任免最高檢察所檢察長；

十二、 選舉或罷免最高法院院長；

十三、 選舉或罷免最高人民會議各專門委員會委員長、
　　　 副委員長和委員；

十四、 審批國家的國民經濟發展計畫及其執行情況的報
　　　 告；

十五、 審批國家預算及其執行情況的報告；

十六、 根據需要，聽取內閣和中央機關的工作報告，並
　　　 採取相應措施；

十七、批准或廢除有關部門向最高人民會議提交的條約。

第九十二條　最高人民會議舉行定期會議和臨時會議。定期會議，由最高人民會議常任委員會每年召開一至兩次。臨時會議，在最高人民會議常任委員會認為有必要時，或者三分之一以上的議員提議時召開。

第九十三條　最高人民會議須有三分之二以上的議員出席才能開會。

第九十四條　最高人民會議選舉議長和副議長。議長主持會議。

第九十五條　最高人民會議討論的議案，由最高人民會議常任委員會、內閣和最高人民會議各專門委員會提出。議員也可以提出議案。

第九十六條　每屆最高人民會議的第一次會議選舉議員資格審查委員會；根據這一委員會提出的報告，通過確認其議員資格的決定。

第九十七條　最高人民會議發布法令和決議。最高人民會議發布的法令和決議，用舉手表決方式，以出席會議議員的過半數通過。修改並補充憲法，須經最高人民會議三分之二議員贊成才能進行。

第九十八條　最高人民會議設法制委員會和預算委員會等必要的專門委員會。最高人民會議各專門委員會由委員長、副委員長和委員組成。最高人民會議各專門委員會協助最高人民會議工作,擬定或審查國家的政策方案和法案,採取有關執行措施。最高人民會議閉會期間,最高人民

會議各專門委員會在最高人民會議常任委員會的領導下進行工作。

第九十九條　最高人民會議議員具有不可侵犯權。最高人民會議議員除現行犯外非經最高人民會議或在其閉會期間非經其常任委員會許可，不受逮捕或刑事處罰。

第二節　國防委員會委員長

第一〇〇條　朝鮮民主主義人民共和國國防委員會委員長為朝鮮民主主義人民共和國之最高領導者。

第一〇一條　朝鮮民主主義人民共和國國防委員會委員長之任期與最高人民會議任期同。

第一〇二條　朝鮮民主主義人民共和國國防委員會委員長為朝鮮民主主義人民共和國全般性武力之最高指揮官，指揮、統帥一切武力。

第一〇三條　朝鮮民主主義人民共和國國防委員會委員長具有下列任務與權限：

一、指導國家全般工作；

二、直接指導國防委員會工作；

三、任免國防部門之重要幹部；

四、批准或撤廢與他國所訂重要條約；

五、行使特赦權；

六、宣布國家非常事態、戰時狀態及動員令。

第一〇四條　朝鮮民主主義人民共和國國防委員會委員長下達命令。

第一〇五條　朝鮮民主主義人民共和國國防委員會委員長對本身的工作向最高人民會議負責。

第三節　國防委員會

第一〇六條　國防委員會是國家主權的最高國防領導機關。

第一〇七條　國防委員會由委員長、第一副委員長、副委員長和委員組成。

第一〇八條　國防委員會任期與最高人民會議任期同。

第一〇九條　國防委員會具有下列任務和權限：

一、樹立國家重要政策以貫徹先軍革命路線；

二、指導國家全般性武力及國防建設工作；

三、監督並樹立朝鮮民主主義人民共和國國防委員會委員長之命令、國防委員會之決定；

四、廢止違背朝鮮民主主義人民共和國國防委員會委員長之命令、國防委員會之決定和指示之國家機關的決定和指示；

五、設立或取消國防部門之中央機關；

六、制定軍銜，授予將領以上軍銜。

第一一〇條　國防委員會發布決議和指示。

第一一一條　國防委員會對最高人民會議負責。

第四節　最高人民會議常任委員會

第一一二條　最高人民會議常任委員會是最高人民會議閉會期間的最高主權機關。

第一一三條　最高人民會議常任委員會由委員長、副委員長、

秘書長和委員組成。

第一一四條　最高人民會議常任委員會可以設若干名譽副委員長。最高人民會議常任委員會名譽副委員長由長期從事國家建設事業並做出突出貢獻的最高人民會議議員擔任。

第一一五條　最高人民會議常任委員會與最高人民會議任期相同。最高人民會議常任委員會在最高人民會議任期屆滿，下屆常任委員會選舉產生之前，繼續執行其任務。

第一一六條　最高人民會議常任委員會執行下列任務和職權：

一、召開最高人民會議；

二、審查和通過最高人民會議閉會期間提出的新部門法草案、條例草案、現行部門法和條例的補充修改草案，將通過並實行的重要部門法提交下屆最高人民會議徵求其同意；

三、審查和承認因特殊原因在最高人民會議閉會期間提出的國家國民經濟發展計劃和國家預算及調整方案；

四、解釋憲法、現行部門法和規定；

五、監督國家機關守法、執法狀況，並採取相應措施；

六、撤銷同憲法，最高人民會議法令和決議，國防委員會委員長命令，國防委員會決議和指示，最高人民會議常任委員會政令、決議和指示相抵觸的國家機關決議和指示，停止地方人民會議不適當決議的執行；

七、進行最高人民會議議員的選舉工作，組織地方人民會議議員的選舉工作；

八、與最高人民會議議員工作;

九、與最高人民會議各專門委員會做工作;

十、設立或撤銷內閣委員會和省;

十一、最高人民會議閉會期間，根據內閣總理的提名，任免副總理、委員長、相和其他內閣成員;

十二、任免最高人民會議常任委員會各專門委員會成員;

十三、選舉或罷免最高法院審判員和人民陪審員;

十四、批准或廢除同外國締結的條約;

十五、決定並公布駐外使節的任免;

十六、制定勳章、獎章、榮譽稱號和外交人員的銜級，授予勳章、獎章和榮譽稱號;

十七、行使大赦權;

十八、新設或者變更行政單位和行政區劃;

十九、與他國國會、國際議會機構間相類似之對外工作。

第一一七條　最高人民會議常任委員會委員長組織和領導常任委員會的工作。最高人民會議常任委員會委員長代表國家，接受外國使節的派遣國書和召回國書。

第一一八條　最高人民會議常任委員會召開全體會議和常務會議。全體會議由全體委員組成，常務會議由委員長、副委員長和秘書長組成。

第一一九條　最高人民會議常任委員會全體會議討論並決定在執行常任委員會任務和行使權力方面提出的重要問題。常務會議討論並決定全體會議委託的事宜。

第一二〇條　最高人民會議常任委員會發布政令、決議和指示。

第一二一條　最高人民會議常任委員會可以設立協助其工作的專門委員會。

第一二二條　最高人民會議常任委員會對最高人民會議負責。

第五節　內　閣

第一二三條　內閣是國家最高權力的行政執行機關，是總括性的國家管理機關。

第一二四條　內閣由總理、副總理、委員長、相和其他成員組成。內閣任期與最高人民會議任期相同。

第一二五條　內閣執行下列任務和職權：

一、採取執行國家政策的措施；

二、根據憲法和部門法，制定、修改和補充有關國家管理的條例；

三、領導內閣各委員會、省、內閣直屬機關和地方人民委員會的工作；

四、設立或撤銷內閣直屬機關，重要行政經濟機關和企業，採取改進國家管理機構的措施；

五、編制國家國民經濟發展計畫並採取相應執行措施；

六、編制國家預算，採取相應執行措施；

七、組織開展工業、農業、建設、運輸、郵電、商業、貿易、國土管理、城市管理、教育、科學、文化、保健、體育、勞動管理、環境保護、旅遊及其他方面的工作；

八、採取鞏固貨幣制度和銀行制度的措施;

九、檢查和監督建立國家管理秩序的工作;

十、採取維持社會秩序、保護國家及合作社的財產和利益、保障公民權利的措施;

十一、同外國簽訂條約,進行對外工作;

十二、撤銷同內閣決議和指示相抵觸的行政經濟機關的決議和指示。

第一二六條　內閣總理組織和領導內閣工作。內閣總理代表朝鮮民主主義人民共和國政府。

第一二七條　內閣召開全體會議和常務會議。內閣全體會議由內閣全體成員組成,常務會議由總理、副總理和總理任命的內閣成員組成。

第一二八條　內閣全體會議討論和決定行政經濟工作中的重要事宜。常務會議討論和決定內閣全體會議委託的事宜。

第一二九條　內閣發布決議和指示。

第一三〇條　內閣可以設立協助其工作的非常設專門委員會。

第一三一條　內閣對最高人民會議負責,最高人民會議閉會期間對最高人民會議常任委員會負責。

第一三二條　新當選的內閣總理代表內閣成員向最高人民會議宣誓。

第一三三條　內閣各委員會和省是內閣各部門執行機關,是中央各部門管理機構。

第一三四條　內閣各委員會和省在內閣的領導下,統一領導

和管理各部門的工作。

第一三五條　內閣委員會和省召開委員會會議和幹部會議。

各委員會、省委員會會議和幹部會議討論和決定執行內閣決議和指示的措施及其他重要問題。

第一三六條　內閣各委員會和省發布指示。

第六節　地方人民會議

第一三七條　道（直轄市）、市（區）、郡人民會議是國家的地方權力機關。

第一三八條　地方人民會議由根據普遍、平等、直接選舉的原則，透過秘密投票方式選出的議員組成。

第一三九條　道（直轄市）、市（區）、郡人民會議任期四年。地方人民會議的下屆選舉，在地方人民會議任期屆滿以前依照本級地方人民委員會的決定舉行。因特殊原因不能如期舉行選舉時，其任期延長到舉行選舉時為止。

第一四〇條　地方人民會議執行下列任務和職權：

一、審批地方國民經濟發展計畫及其執行情況的報告；

二、審批地方預算及其執行情況的報告；

三、採取本地區執行國家法律的措施；

四、選舉或罷免本級人民委員會委員長、副委員長、秘書長和委員；

五、選舉或罷免本級法院審判員和人民陪審員；

六、撤銷本級人民委員會、下級人民會議和人民委員會不適當的決議和指示。

第一四一條　地方人民會議召開定期會議和臨時會議。定期會議由本級人民委員會每年召開一至兩次。臨時會議在本級人民委員會認為有必要時，或者三分之一以上提議時召開。

第一四二條　地方人民會議必須有三分之二以上議員出席才能開會。

第一四三條　地方人民會議選舉議長。議長主持會議。

第一四四條　地方人民會議通過決議。

第七節　地方人民委員會

第一四五條　道（直轄市）、市（區）、郡人民委員會是本級人民會議閉會期間的地方國家權力機關和其行政執行機關。

第一四六條　地方人民委員會由委員長、副委員長、秘書長和委員組成。地方人民委員會任期與本級人民會議任期相同。

第一四七條　地方人民委員會執行下列任務和職權：

一、召開人民會議；

二、進行人民會議議員的選舉工作；

三、對人民會議議員做工作；

四、執行本級人民會議、上級人民會議、人民委員會、內閣及其委員會和省的法令、政令、決議和指示；

五、組織和執行本地方的一切行政工作；

六、制定本地方的國民經濟計劃並採取執行措施；

七、編制本地方預算並採取執行措施；

八、採取維持本地區的社會秩序，保護國家及合作社財
　　產與利益，保障公民權益的措施；

九、檢查和監督本地區建立國家管理秩序的工作；

十、領導下級人民委員會的工作；

十一、撤銷下級人民委員會不適當的決議和指示，制止
　　　下級人民委員會不適當之決議的執行。

第一四八條　地方人民委員會召開全體會議和常務會議。地
　　方人民委員會全體會議由全體委員組成，常務會議由委
　　員長、副委員長和秘書長組成。

第一四九條　地方人民委員會全體會議討論和決定在執行自
　　己任務與職權方面的重要問題。常務會議討論和決定全
　　體會議委託的事宜。

第一五〇條　地方人民會議發布決議和指示。

第一五一條　地方人民委員會可設協助自己工作的非常設專
　　門委員會。

第一五二條　地方人民委員會對本級人民會議負責。地方人
　　民委員會服從上級人民委員會、內閣和最高人民委員會
　　議常任委員會。

第八節　檢察所和裁判所

第一五三條　檢察所工作由中央檢察所、道（直轄市）、市
　　（區）、郡檢察所和特別檢察所進行。

第一五四條　最高檢察所所長任期與最高人民委員會議任期
　　相同。

第一五五條　檢事（檢察官）由中央檢察所任免。

第一五六條　檢察所執行下列任務：

　　一、監察國家機關、企業、團體和公民是否嚴格遵守國家法律；

　　二、監察國家機關的決議和指示是否同憲法、最高人民會議法令和決議、國防委員會決議和命令、最高人民會議常任委員會政令、決議和指示，內閣決議和指示相抵觸；

　　三、揭發違法犯罪分子，追究其法律責任，以保護朝鮮民主主義人民共和國的政權和社會主義制度、國家及合作社的財產以及憲法賦予人民的權利和人民的生命財產。

第一五七條　檢察工作由最高檢察所統一領導，各級檢察所服從上級檢察所和最高檢察所。

第一五八條　最高檢察所對最高人民會議負責，最高人民會議閉會期間對其常任委員會負責。

第一五九條　審判由最高裁判所、道（直轄市）裁判所、郡人民裁判所和特別裁判所進行。判決以朝鮮民主主義人民共和國的名義宣布。

第一六〇條　最高裁判所、院長任期與最高人民會議相同。最高裁判所、道（直轄市）裁判所、人民裁判所的審判員和人民陪審員任期與本級人民會議任期相同。

第一六一條　特別裁判所院長和審判員由最高裁判所任免。

特別裁判所人民陪審員由有關軍人會議或職工會議選舉。

第一六二條　裁判所執行下列任務：

一、透過審判活動，保護朝鮮民主主義人民共和國的政權和社會主義制度、國家及合作社的財產以及憲法賦予人民權利與人民的生命財產；

二、監察國家機關、企業、團體和公民是否嚴格遵守國家法律，同階級敵人和一切違法份子進行職級的鬥爭；

三、實施對財產糾紛的判決和裁定，進行公證工作。

第一六三條　審判由一名審判員和兩名陪審員組成的法庭進行，在特別情況下，可以由三名審判員組成法庭。

第一六四條　審判公開進行，保障被告人的辯護權。審判可以依法不公開進行。

第一六五條　審判用朝鮮語進行。外國人在審判中可以使用本國語言。

第一六六條　裁判所獨立進行審判，依據法律進行審判活動。

第一六七條　最高裁判所是朝鮮民主主義人民共和國的最高審判機關。最高裁判所監督所有法院的審判工作。

第一六八條　最高裁判所對最高人民會議負責，在最高人民會議閉會期間對其常任委員會負責。

第七章　國徽、國旗、國歌、首都

第一六九條　朝鮮民主主義人民共和國國徽為橢圓形，周圍寫有「朝鮮民主主義人民共和國」字樣的紅帶束緊的稻

穗，中間是雄偉的水力發電廠，其上方有革命的聖山白頭山和光芒四射的五角紅星。

第一七〇條　朝鮮民主主義人民共和國國旗，中間是紅色寬面，其上下各有一條白色細條，再上下是藍色寬邊，紅面靠旗桿一邊有白色圓地，其中是五角紅星。旗幅縱橫比例為一比二。

第一七一條　朝鮮民主主義人民共和國國歌是《愛國歌》。

第一七二條　朝鮮民主主義人民共和國首都是平壤。

作者簡歷

1936 年	生於雲林縣麥寮鄉橋頭
1942 年	進入橋頭國民小學
1948 年	進入虎尾中學初中部
1951 年	進入虎尾中學高中部
1952 年	轉學長榮中學高中部
1955 年	進入國立政治大學新聞學系
1959 年	預備軍官第八期服役，任少尉排長一年
1961 年	赴韓留學，進入慶熙大學校大學院政治學科就讀
1963 年	取得碩士學位，繼續留學深造
1965 年	3 月與同鄉廖碧玲小姐結婚，10 月修畢博士課程，返國於政治大學與中國文化大學擔任講師
1966 年	5 月分發行政院新聞局擔任編審，8 月接任中國文化大學東語系韓文組主任
1967 年	任教育部文化局專門委員兼科長
1970 年	奉命代理教育部文化局第四處處長職務
1973 年	教育部文化局裁撤，暫列為行政院人事行政局代管待命進修人員
1975 年	完成博士論文，獲慶熙大學政治學博士學位
1982 年	獲邀參加國家建設研討會

1986 年	高票當選臺北市增額國民大會代表
1988 年	當選中國國民黨第十三屆中央委員
1992 年	奉派擔任總統特使團成員赴韓溝通兩國邦交事宜
1993 年	總統提名為第二屆監察委員，辭去文化大學韓文系主任一職
1996 年	應邀擔任中華民國農業專家考察團團長率團訪問北韓
1997 年	獲選為中韓文化基金會董事長 應邀擔任中華民國農業專家考察團團長率團訪問北韓
1999 年	出任第三屆監察委員
2005 年	應聘擔任中國文化大學專任教授

索　引

瞧，這些女人！(一)(二)(三)

《淑媛》編輯部

莎士比亞曾經說過：「女人啊女人，男人的舞臺，你們是永遠站在光圈和掌聲以外的。」莎士比亞的這句話早已落伍，因為女人用她們頑強的生命力、獨特的魅力，以及不凡的智慧，已經向世人展現女人的能力絕對不輸男人。於是我們可以看到美麗又有智慧的凡妮莎與維吉尼亞姐妹，在布魯姆斯伯里沙龍中孕育出情感激盪的文藝年代；見到勃朗特三姐妹如何傾注靈魂與生命，寫出永恆不朽的動人篇章；艾蜜莉亞‧埃爾哈特不讓林白專美於前，成為歷史上第一位飛越大西洋的女性；而喬治敦的主婦們則是藉由衣香鬢影的宴會，不著痕跡地影響著白宮的政治。

女人，絕對可以擁有屬於自己的光圈與掌聲！